U0095898

中华经典直解

老子直解

刘康德 ◎ 撰

复旦大学
出版社

序言

甲辰龙年(2024 年),出版于 1997 年的《老子直解》又重新出版了。这难道是针对"老子犹龙"而刻意安排的? 如果不是,那一定是冥冥中的"龙"自身发挥了作用:它("龙")在这二十多年里,升降飘浮在广漠中、伸缩游动于缝隙间,穷极变化后,又复归如初——《老子直解》再版了①。这过程符合老子说的"反者,'道'之动"(《老子·四十章》)。

"老子犹龙"是孔子对老子的认知。《史记》卷六十三《老庄申韩列传》说到孔子见老子后对其弟子说:"鸟,吾知其能飞;鱼,吾知其能游;兽,吾知其能走……至于龙吾不能知,其乘风云而上天。吾今日见老子,其犹龙邪。"

"老子犹龙",以原本就不存在的"龙"来喻指老子其人具有模糊性(按英国学者李约瑟的说法是"朦胧的老子")。所以导致有对老子称谓、姓氏、名字、乡里、仕宦、生卒年的考证,也有对老子、老莱子、周太史儋、老彭等人关系的考证……这些历代盛行,经久不衰。然而,事物一到需要考证之时,这事与物也必有考不胜考、证不胜证的地方,也只能考其大概、证其有限,最终结果也只能像《史记》作者那样记载:一般认为,老子,陈国(后为楚灭)苦县厉乡曲仁里(今河南鹿邑)人,曾担任过周守藏室之史,姓李,名耳,字聃,或字伯阳,谥曰聃。而这"或"字却又说明老子仍不离朦胧模糊之成分;这历代盛行的考证无法一劳永逸地撩去老子身上的"朦胧",无法确定老子为何。老子依然"犹龙"。

"老子犹龙"的模糊朦胧,却给人留下想象的空间,所以三国葛玄索性撇开烦琐实证,直指老子形象容貌:老子"生即皓然,号曰老子"

---

① 时隔廿七年,《老子直解》又得以重版。这"事之反复"犹如"物之聚散",令人可喜可叹又可惧。

（《老子道德经序诀》）；东汉郑玄则简单附会：老子"古寿考者之称也"（《曾子问注》）。这样倒好，一位白发长者面世，肯定有着比常人更多的丰富内涵，够人们琢磨和深究的了。"老子犹龙邪。"

"老子犹龙"，还以原本就不存在却又"融驼头、牛耳、鹿角、兔眼、蛇项、蜃腹、鱼鳞、虎掌、鹰爪于一体"（《尔雅》）的"龙"来喻指老子"融多样性于其中"（多元一体）。所以，老子有"我"与"吾"的不同；老子有自身"西出函谷"而劝人则"上善若水"东流之差别；老子知道"多言数穷"却又自留"五千言"；老子要"和光同尘"做隐者却又因"五千言"而显露——《老子》则成显学……老子还真"犹龙"也。

"老子犹龙"更以"融驼头、牛耳、鹿角、兔眼、蛇项、蜃腹、鱼鳞、虎掌、鹰爪于一体"的"龙"来喻指《老子》一书"融多样性于其中"（多元一体）。所以导致《老子》一书，怎么看（读）都行。个人读《老子》：年年读《老子》，年年有新意，越老味越浓。每个人读《老子》：都可按自己的特殊经验、阅历、体会来读《老子》看《老子》，从中得到认同，找到知音，确立境界。军事家读《老子》，认为《老子》是部兵书；权术家读《老子》，认为"将欲歙之，必固张之"，就"似于用机械而有心者"（见南宋洪迈《容斋三笔》卷第十《老子之言》），为张良等人道术的来源；哲学家读《老子》，则从老子之"道"中体认到形而上学境界；《老子》书中的"道"字就使人说不清道不明：说"有"似"无"、说"无"又"有"，其妙其微，"道"在0—1间飘浮；科学家读《老子》，认为"（读）老子在二千三百多年前说的这些话就会获得一种非凡的新意"（见日本汤川秀树著、周林东译：《创造力和直觉》）；逻辑学家读《老子》，则将《老子》内容拆解为八十一章，并标以第一章、第二章……第八十一章，他们将自己的逻辑思维投影到《老子》那里，似乎《老子》章与章之间就是一种逻辑关系；而社会竞争失败者则公开标榜"道家思想则是'失败者'或尝到过'成功'的痛苦的人的哲学"（见李约瑟《中国科学技术史》第二卷《科学思想史》）；乃至到后现代主义者那里，更是从《老子》书中寻到知音，觅得伴侣：后现代主义消除权威追求无为，早就在老子"见素抱朴""绝圣弃智""清静无为"中迸出萌芽,而老子崇尚阴柔女性、浑然婴儿则在后现代主义的多元混沌、女性和幼儿语中得到发育……

这正是"犹龙"《老子》的特质:《老子》一书怎么看都行,无可无不可,似臼、像洼、如枅,真是"吹万不同";似蛇、像鱼、如鹰,却又"融蛇、鱼、鹰……于其中"。"犹龙"的《老子》就想达到这种效果:听得见的颜色、看得见的声音……鱼鸟转换、鲲鹏展翅……

有了上述这些,使人认识到中国文化别有天地;孔老相比,更爱老子(《老子》),域内国人表儒里道随处可见,其性格中的许多因素都源于老庄道家。域外洋人则更是抑孔扬老,如黑格尔、李约瑟等。他们认为孔子只是一个实际的世间智者,在孔子那里思辨的哲学是一点也没有——只有一些善良的、老练的、道德的教训;在他们看来,手持一卷竹简或帛书之类物件的老子形象,似乎总比孔子要多些什么,或是经验或是科学主义或是其他。而现代哲学家海德格尔则更是将老子"孰能浊以静之徐清,孰能安以动之徐生"的字句挂于墙悬于壁,一派老子忠实信徒的样子(见《道家文化研究》第二辑)。于是乎老子(《老子》)西渐,译者蜂拥,学者成群,中国学术世界化。

配合"老子犹龙",《老子》一书也真的做到了"辞要趣远、语精义深";并"运思淡于无名、立说超乎有相"(高亨《老子正诂·自序》),给人带来朦胧模糊之感觉。

再加上《老子》一书历时久远,或由于字音之遣转,或由于迻写之歧误,或由于读者之擅改,已"难溯其初",导致《老子》一书"不易校勘",也"不易训诂"(高亨《老子正诂·自序》),给人带来朦胧模糊之感觉。

然而,《老子》尽管"不易校勘"也"不易训诂"而"犹龙"模糊,但历代士人却强为之不易而为之,于是出现了历代《老子》的注疏,从韩非《解老》《喻老》开始,汉魏有河上公、严遵、葛玄、张道陵、王弼等;唐宋元有陆德明、魏徵、傅奕、成玄英、颜师古、李荣、陆希声、唐玄宗、杜光庭、王安石、苏辙、叶梦得、吕祖谦、林希逸、范应元、吴澄、赵孟𫖯等;明清有薛蕙、释德清、李贽、焦竑、林兆恩、归有光、钟惺、王夫之、傅山、纪昀、卢文弨、毕沅、汪中、王念孙、俞樾、陶鸿庆、孙诒让等；而近现代则有刘师培、张之纯、马叙伦、杨树达、奚侗、丁福保、王重民、高亨、钱穆、蒋锡昌、严灵峰、劳健、朱谦之、任继愈、陈鼓应、许抗生、刘笑敢、刘康德等。这些颇具造诣的学者，或校勘或训诂或集释或通解，竭尽其能，欲拂去《老子》"犹龙"之模糊。虽说其中的得失，尚难定论。但将《老子》这部伟大的经典延续下去的努力则是应当肯定的。这就使我们能有较完备的河上公注本、王弼注本或傅奕注本……并通过他们的注释转换，形成了一门相对于孔孟儒学的老庄道家学说。

揣着上述这林林总总，笔者也参与进入这一热热闹闹、纷纷纭纭的领域，打卡留念，于是就有了这本《老子直解》。说"解"，在于"犹龙"《老子》有着朦胧处，值得"解"；说"直解"，却又不易，同样在于"犹龙"《老子》有着朦胧处。然而笔者强而为之，希望能在这"解与难解"之间琢磨出一条更符合《老子》之"道"的途径来，其中包括能与老子、庄子相近的心境与状态，以便能贴切老子的思想和本义。

为了"解"好《老子》，笔者从数十家的刻本、石刻本、古抄本中，选定明代华亭张之象所刊王弼注本(浙江书局本)为本书底本(原文)，并参阅其他版本和各种征引王弼《老子注》注文的书籍，以校补王弼注本中的《老子》原文，使《老子》一书读有韵味(参见现代朱谦之《老子韵例》)，看有趣味，思有余味，以还《老子》哲学诗之面貌。

有了《老子》原文，笔者在参阅大量古今注释、训解的基础上，也承袭复旦大学出版社出版的《中华经典直解》的体例和结构，对《老子》全书的每一章作解题，然后列出点校过的原文，予以注译，加以评述，以期达到一个导读、解释的作用。然而这样一来，犹如七窍凿开、浑沌即死，有可能将《老子》的丰富内涵(因笔者的局限性)，引导得简单、粗浅，甚至解错主题、误译原文、臆述文意，反而有害于对《老子》思想的整体领会与把握，这就需要读过此书的诸位先生提出宝贵意见，笔者将深深地期待着。

行将结束此文之际,笔者突然想起了说"老子犹龙"的孔子来,并突然间意识到孔子以"融……蛇项、蜃腹、鱼鳞、虎掌、鹰爪(多样性)于一体"的"龙"来类比"融多样性于其中"(多元一体)的老子和《老子》,是何等地恰当和贴切! 以这种"多元一体"的哲学命题来观照孔子,能说"在孔子那里思辨的哲学是一点也没有"(如上述黑格尔、李约瑟说的)? 由此看来,外国人读中国哲学,总有些不靠谱的地方,犹如中国人读西方哲学一样。

刘康德
于复旦大学
2024 年(甲辰龙年)6 月

目 录

一　章

【解题】

本章老子第一次提出具有哲学意义的"道"。这个形而上学的"道"是难以用言语表达的，也难以用名词概念来规定的。因为"道"无规定性，所以又称为"无"；也因为"道"无规定性，所以又具有无限的可能性，能生成一切事物（有），使之成为天地万物的本源。这样，"道"实际上又是"有"与"无"的统一；这些又可称之为"玄"，是一切微妙变化的总门户。高明者就要从"有""无"的统一（"道"）中去把握事物。

道可道，非常道①；名可名，非常名②。无名天地之始，有名万物之母③。故常无，欲以观其妙；常有，欲以观其徼④。此两者，同出而异名⑤，同谓之"玄"⑥。玄之又玄，众妙之门⑦。

【今译】

可以用言词表达的"道"并非常"道"；可以用文字叙述的"名"并非常"名"。"无"为天地之本源，"有"为万物之根本。所以"尚无"中去体悟"道"的微细奥妙；"尚有"中去体察"道"的端倪边际。"有"与"无"，此两者是同一来源的不同名称，都是相当幽深玄妙的，幽深而幽深，玄妙而玄妙，是一切变化的总门户。

【注释】

①道可道,非常道:这句中的第二个"道"字是动词,指言说;第三个"道"字是名词,是老子哲学的专用名称。常:永恒。 ②名可名,非常名:这句中的第二个"名"字是动词,指命名;第三个"名"字是"名词",是老子"道"之名。 ③无:无形体,指形而上之"道"。始:指开端、根源,有原始纯朴之义,如《说文》说:"始,女之初也。"有:有形体,指天地自然。母:开始。 ④此处"常",读"尚",现代于省吾《双剑诊老子新证》说:"常,清俞樾读'尚',是也。金文'常'皆作'尚'。"妙:奥妙。徼:边也(据唐陆德明《释文》),引申为"边际"。 ⑤此两者:指"有"与"无"。同出:同出于"道"。 ⑥玄:幽昧深远,其色黝然,是《老子》思想中一个重要的概念,有深远看不透的意思。 ⑦之:犹而也。众妙之门:一切变化的门户。

【评述】

本章老子首先立说,于五千文《道德经》之开端即提出他的思想核心——"道"。

老子于此立说,按《史记》卷六十三《老庄申韩列传》的记载,是迫于函谷关令尹喜之请,不得已著书立说,因为老子原本是想钳口寝说而要做位圣人隐者的。

但后人却不这么看,认为"老子之学,盖有所激者。生于衰周,不得不然"(南宋王应麟《困学纪闻》卷十《诸子》);也有人揭示道:"老子虽说了'道可道非常道',可是他依然要寄言出意,留下了五千言,而为道家学派所本,所以道家仍有不争之争,不鸣之鸣"(《道家文化研究》第一辑)。这样一来,老子形象大打折扣,老子之"隐"大概也与社会历史上的所有隐者一样不得已而为之,境界并非洁静虚远;五千言的《老子》的精神内涵也似乎有了它的落脚点——《老子》之说不清、道不明的"道",似乎与生于衰周乱世老子满肚子说不清、道不明的委曲隐晦事相联系。这也如近人徐梵澄所说的"老氏之道,用世道也"(《老子臆解》)。

历史证明，只要是乱政衰世，不管是春秋战国，还是三国魏晋，或是清末民初，栋折梁毁是必然的，总会出现类似《左传》所说的"社稷无常奉，君臣无常位"，"高岸为谷，深谷为陵"（昭公三十二年）的社会变动不居的现象，这用老子自己的话来说："飘风不终朝，骤雨不终日"，"天地尚不能久，而况于人乎？"也总会出现"川泽纳污，山薮藏疾，瑾瑜匿瑕，国君含垢"（《左传》宣公十四年）的隐曲事。社会背景对言语者的作用，使老子感到与其这样，不如钳口寝说，西出函谷关而遁隐。

然而出函谷关偏遇关令尹喜之请，又不得不然，即一方面对社会现象中变动不居隐曲乖悖之事，难以言说或不便言说，另一方面又迫于尹喜之请与身处衰世有所刺激，所以是既想"道"（说）又"道"（说）不清。于是精通语言之道的老子在用动词"道"（说）这种难以言说（讲清）的东西时，机智地将"难以言说（讲清）的东西"置换成名词性质的"道"（道理），脱口说出一句令后人诠释琢磨一辈子、怎样都可规定"道"之词性的话："道可道非常道"。其基本意思是说：在社会领域内可以讲的，未必是真正反映事物的本来面貌的、固有的"道"（道理）；反过来说，社会领域中的许多事物的本来面貌、固有的"道"（道理）是难以言说、不便言说或出口即乖的。文字表达同样也有这种情况存在，所以老子接下来说："名可名非常名"。这也正如三国王弼在《老子·一章注》中说的："可道之道，可名之名，指事造形，非其常也。"

这种难以言说规定的事物固有之"道"，又因老子是史官，必熟悉天文历数自然现象，而被老子扩大到自然领域，即自然界变化发展的现象中，如天地幽窈、风雨晦冥，老子同样有一种难以言说规定的感觉。

因为按老子所说"道可道非常道"，即很多事物的道理、本来面貌与内在精华是难以言语，或无法用文字记述下来的，所以老子后学就认为凡"著于竹帛，镂于金石，可传于人者"的，都是粗糙简单不完整的，而晚世学者常自以为"博学多闻"，也是"不免于惑"而可笑的（西汉刘安《淮南子·本经训》）。

又因为这根本之"道"、本来之"道"无法言说与无法规定,所以老子在其他场合,将"道"勉强名曰为"大",而在此处则名曰为"无"。但"无"又不是绝对之"无",老子认为它("无")"其中有物,其中有精","绵绵若存",所以这"无"又是"有"的表现。这样一来,这"道"经过老子在以后各章中的进一步言说被置换成"无"与"有"的统一、"一"与"多"的综合,成了天地万物之本源。

还因为这"道"难以言说、无法规定,所以老子认为它("道")给人的视觉、听觉和触觉分别是"希""夷""微",是一种"恍惚""窈冥"的综合感觉。于是这万事万物之根源的"道",又经过老子在以后各章中的进一步言说和规定变得更加无法言说、难以规定了,被置换成一种超越时空、无始无终、无声无形、无穷无尽、弥漫四方、混然一体的"东西"。

也正因为"道"具有超越时空、涵盖一切的特点,所以在这"道"下,什么都可发生,又什么都可得到解释,还什么都可……这"道"既可使人无限地说下去,又可使人无法进一步说下去,正是"玄之又玄,众妙之门"。于是"道"也就成了老子的秘密武器,同时也成了中国文化中的一道风景线,令所有对文化思想感兴趣的人——中国人、外国人都在它之前驻足凝视琢磨,并伤透脑筋。

二　章

【解题】

　　本章前半部分为老子的相对辩证观。老子举出六个相对的现象，即有无、难易、长短、高下、音声、前后，说明它们彼此各以对方为其存在的条件，失去一方，另一方也不存在。本章后半部分为老子的政治观，认为治政应处无为之事，行不言之教，只有无为方能无不为，无教才能无不教。只有做到这点，才能算作"圣人"。

　　天下皆知美之为美，斯恶已①；皆知善之为善，斯不善已。

　　有无相生，难易相成，长短相形，高下相盈，音声相和，前后相随②，恒也③。

　　是以圣人处无为之事④，行不言之教⑤；万物作而弗始，生而弗有，为而弗恃，功成而弗居⑥。夫唯弗居，是以不去⑦。

【今译】

　　　天下人都知道"美"（事）之所以"美"，也就不好了（恶）；天下人都知道"善"（事）之所以"善"，也就不善了（不好）。

　　　有与无互相生成，难与易相辅相成，长与短互相体现，高与下互相包含，音与声互相应和，前与后互相随顺，对立物的相互依存是永恒的。

　　　所以圣人治国为政是以"无为"处事，以"不言"为教。这是因为圣人知道无为则无不为,无教则无不教。这样,万物自然兴起而不加倡导,万物育成而不据(占)为己有或己能,扶育万物而不恃望其报答,功成事遂而不居功夸耀。正因为能做到这点,所以人们反而会将功绩归于他,其功绩也不会泯灭。

【注释】

①美:好、善。恶:坏、不善。美(善)、恶(不善)也可理解为好事与坏事。斯:则、就。以下"皆知善之为善,斯不善"也可作同解。②此处"有无、难易、长短、高下、音声、前后"等六者都是相对相依的,故三国王弼注曰:"不可偏举"(《老子·二章注》)。同时此处的"生""成""形"等均押韵,是老子哲学诗的体现。 ③恒也:帛书甲乙本均有"恒也"两字,此处据帛书甲乙本补上。 ④圣人:道家最高的理想人物;此处指符合道家治政原则的统治者。处:处居、执行。无为:顺其自然、不妄为。事:政事。 ⑤行:做、办。不言:不待语言;此处指为政治理者少发号令和政令。 ⑥弗始:任其自然而不干涉创导。弗有:不占(据)有。弗恃:不恃望其报(据西汉河上公《老子道德经河上公章句》)。弗居:于事不居其功。这里的"弗"字,通行本有作"不"字的,现据帛书甲乙本改定,以利于读者诵阅。 ⑦不去:不会失去。

【评述】

本章老子一开始就讲"天下皆知美之为美,斯恶也;皆知善之为善,斯不善也"。确实如此,世上很多事情,当天下人皆知此是好事一桩时,这"好事"也就不是好事了。设想当秦国的商鞅为了推行变法政令,"募民徙木赏金五十"这样的好事,为百姓皆知并且都来"徙木"之时,这"木"能有这么多可搬好移? 这"金"能有这么多可挣好赚? 于是"好事"也就不是好事,反而是坏了事。由此可见好坏(美恶、善不善)是相对的变化的;推而广之,"有无相生,难易相成,长短相形,高下相盈,音声相和,前后相随"均是如此。

正因为这样,重视世道的老子告诫人们:治政为人不可有意倡导某事某物;有意倡导某事某物,而使天下皆知的结果只能是"楚王好细腰,宫中多饿死"这种不好(恶、不善)的现象。所以后人刘子在《刘子·从化》一节中说解道:"齐桓公好衣紫,阖境尽被异彩;晋文公不好服美,群臣皆衣牂羊;鲁哀公好儒服,举国皆着儒衣;赵武灵王好鵕鶒,国人咸冠鵕鶒";而这"紫非正色,牂非美毳,儒非俗服,鵕非冠饰",但人却竞相从之,原因何在?君主有意倡导也。

一旦倡导,造成这种现象,事物的好坏、善恶、美丑也就得到了转化,《刘子·从化》进一步说:"楚灵王好细腰,臣妾为之约食,饿死者多;越王勾践好勇,而揖阚蛙,国人为之轻命,兵死者众。命者,人之所重;死者,人之所恶",今却"轻其所重,重其所恶",这不应验老子所说"天下皆知美之为美,斯恶已;皆知善之为善,斯不善已"的话么?

道理相当简单,按物相的相对性来说,一旦倡导(规定)某事某物,也就意味着否定某事某物;倡导规定某事某物为富、为高、为长、为难、为有,也必有为贫、为下、为短、为易、为无相随。所以生于衰周的老子敏锐地指出,圣人治国为政就必须处无为之事、行不言之教,不必有意倡导某事某物,于人于物应一视同仁,齐物等量,如同日月天地于物周普无偏一样,不定优劣,不分好坏,使之各有其所,各自融洽,竹头木屑皆为家什,大树小草各得其所;无倾轧欺压,有生意盎然,这样社会就能安定,治政才算成功,圣人的作用才能体现,所以老子最后概括说:"是以圣人处无为之事,行不言之教。"

有了这些结果后,圣人却不可居功自恃,要像土壤养育植物、母牛哺育小牛一样,任凭种子、小牛自然吸取养料而不匆忙促其成长,慷慨赐予一切而不企图得到回报;照老子看来,能做到这点,才算是"圣人",其名不去,名副其实。所以老子接着说:"万物作而弗始,生而弗有,为而弗恃,功成而弗居。夫唯弗居,是以不去。"

基于上述这些评述,可以看到,本章实为老子以物相相对来说明"道"(自然无为)之绝对。

三　　章

【解题】

本章为第二章之继续,是老子治世之道——政治观的进一步发挥。老子从常见的人们争逐名位、贪图财货这一现象出发,提出了矫世之弊的方法。认为,一方面治政需要满足人们适当的生理要求:安饱,即"实其腹""强其骨",另一方面治政要净化社会环境,即不尚贤,不贵货,这样人们就能"虚其心""弱其志",就不会有争名夺利的现象发生了,社会也就会太平下来,故此章也被河上公题为"安民"。

不尚贤①,使民不争②;不贵难得之货,使民不为盗③;不见可欲,使民心不乱④。

是以圣人之治,虚其心,实其腹,弱其志,强其骨⑤。常使民无知无欲。使夫智者不敢为也。为无为则无不治也⑥。

【今译】

不推崇瑰才(材)异能,使人不为之争夺功名;不过用奇货珍物,使人不为之竞趋偷盗;不显扬可惹人之欲望的事与物,使人不至于心散神乱。

所以有道之人治理政事,是净化(虚寂)人的心思而不使外慕,哺鼓人的腹肚而使之安饱,减弱人的心思(意志)而使之无从纷争,强化人的筋骨而使之无所逞力。这样常使人无欺诈伪作、无争逞偷窃的心思和欲望,返朴守淳,使自作聪明者不敢胆大妄为。以无为的态度与原则去处理世事,这世事没有不被治理好的。

【注释】

①尚:崇尚、推崇。贤:才、能;清魏源称"贤(者)"为"瑰材畸行"(《老子本义》)。尚贤:好名(据明代释德清《道德经解》)。　②不争:不争功名,返自然也(西汉河上公《老子道德经河上公章句》)。　③不贵:贱。不贵难得之货:贱珍;河上公注曰:"言人君不御珍宝,黄金弃于山,珠玉捐于渊也。"(《老子道德经河上公章句》)盗:偷、窃。　④可欲:可以惹引人之欲望的(事与物),如美色、美味、美物等。　⑤四"其"字均指人。虚:虚寂、净化。实:哺饱。弱:减(削)弱。强:强壮、强化。　⑥知:通"智"。无知无欲:无欺诈争盗的心智和欲念,返朴守淳(河上公《老子道德经河上公章句》)。

【评述】

本章被河上公题为"安民",其方法是"不尚贤""不贵难得之货""不见可欲"。但实际上老子提倡"不尚贤"的方法,在世上是难以行得通的。相反的是,有世以来,"尚贤"倒是随其始终的,从先秦"尚贤"(举贤),到汉代"举孝廉"乃至后来的举贤、招贤,都是"尚贤"的不同表现形式。

然而,历史又证明,社会一旦需要"尚贤""举孝廉",这社会也总存在着这样或那样的问题。所以同生于衰世的庄子在《庄子·大宗师》中说:"泉涸,鱼相与处于陆,相呴以湿,相濡以沫,不如相忘于江湖。"对此唐成玄英疏解道:"此起譬也。江湖浩瀚,游泳自在,各足深水,无复往还,彼此相忘,恩情断绝。泊乎泉源旱涸,鳣鲔固苦,共处陆地,颊尾曝腮。于是吐沫相濡,呴气相湿,恩爱往来,更相亲附,比之江湖,去之远矣。亦犹大道之世,物各逍遥,鸡犬声闻,不相来往。淳风既散,浇浪渐兴,从理生教,圣迹斯起;矜蹩躠以为仁,踶跂以为义,父子兄弟,怀情相欺。圣人羞之,良有以也。故知鱼失水所以呴濡,人丧道所以亲爱之者也。"

针对社会问题而提出的"尚贤""举孝廉",效果如何呢？老子认为非但好不了，而且更坏："尚贤则民争"（现代朱谦之《老子校释》说："盖老子之意"）。对此，近人徐梵澄疏解说："盖贤与不贤，标准难定。人或贤于此而不贤于彼，或贤于始而不贤于终。甚或至不肖者沽名钓誉而伪为贤善，用之亦往往乱天下。"（《老子臆解》）

实际情况确实如此，请看汉代以来所谓的"举孝廉"。照唐颜师古说来："孝谓善事父母者，廉谓清洁有廉隅者"（《汉书·武帝纪》注引），所以汉武帝两次下诏"郡国举孝廉"，目的当然是"广教化美风俗"，"本仁祖义，褒德禄贤，劝善刑暴"（《汉书·武帝纪》），使天下之人"择其善者而从之，其不善者而改之"（《汉书·武帝纪》注引）。并硬性规定"二千石（郡国长官）举孝廉，所以化元元，移风易俗也。不举孝不奉诏，当以不敬论；不察廉不胜任也当免"（《汉书·武帝纪》）。同时为了拔高这些榜样的作用，汉朝还将被树为榜样的人委以官职，清赵翼在《廿二史札记》"贤良方正茂材直言多举现任官"中讲道："举孝者少而察廉者多（按：这说明当时作为清廉反面的贪污现象盛行）。如平陵令薛恭乃本县孝者，不能繁剧。其他如赵广汉以察廉为阳翟令尹；翁归举廉为缑氏尉，又举廉为宏农尉；张敞察廉为泉仓长；萧望之察廉为大行治礼丞……"然而就是这样尚贤、树榜样、委官职，天下之人究竟怎样"择其善者而从之"，则不得而知，"天下之善皆归也"也不得而知，相反倒是因举孝察廉而能进仕做官使"不肖者沽名钓誉、伪为善贤"却被白纸黑字地记录下来。如《后汉书·许荆传》就讲到许武被举为孝廉，而他的两个弟弟还未出名，于是许武就故意搞分家，自取肥田广宅奴婢而让两个弟弟少得财产，从而使弟弟们获得"克让"的声誉后被举为孝廉，然后许武又将他多得的财产让给弟弟们，为自己博得更高的声誉，并因此官至长乐少府。

以今度古（孔融语），老子时代也必是如此，所以看得多了的老子就认为"尚贤"只能使人争斗，败坏风气，如《庄子·庚桑楚》中所言：

"举贤则民相轧",为使民不争,唯有"不尚贤"。然而这毕竟行不通,剩下的也只是希望"尚贤"真能"尚"出"贤者""能者"来。

由"不尚贤,使民不争",老子进而提出"不贵难得之货,使民不为盗"。这"不贵难得之货,使民不为盗"被河上公注解为:"言人君不御好珍宝,黄金弃于山,珠玉捐于渊也。上化清净,下无贪人。"这里且不说"难得之货",就是一般"物",如被"上行","下"也必定效仿,《晋书·谢安传》说到谢安为"唯有葵扇五万"的同乡集资,率先使用其葵扇,下面竞相效仿,使这扇子的价格上涨好多倍。在这里,还仅仅是"扇子",如真是"上贵难得之货""希奇之物",如春秋象箸玉杯、魏晋烷布玛瑙……不真要使下面竞相偷盗抢窃?! 到时候这"难得之货""希奇之物"就是"摄缄縢、固扃镭"也必定会被盗(《庄子·胠箧篇》)。意识到这点的老子故此提出"不贵难得之货,使民不为盗;不见可欲,使民心不乱";而庄子则说得更透彻绝对:"擿玉毁珠,小盗不起;焚符破玺,而民朴鄙;掊斗折衡,而民不争。"(《庄子·胠箧篇》)

从这方方面面防设,就能虚寂净化人之心思、减弱人之纷争,社会就会太平。当然,老子认为得有个先决条件,即"实其腹""强其骨",人们先得有温饱,能生存。

四　　章

【解题】

本章为老子"道"之续篇。老子认定似无或存、渊深澄寂的"道"是万物之宗。用于人事,其能挫人之锐气,解人之纠纷,和众之光明,同众之尘垢,达到人际关系的和谐。

道冲而用之或不盈①。渊兮似万物之宗②;挫其锐,解其纷,和其光,同其尘③;湛兮似或存④。吾不知谁之子,象帝之先⑤。

【今译】

"道"体虚而不溢(盈),作用无穷;它是如此渊深好像是万物的主宰。(它)磨掉锐气,不露锋芒;解除忿乱,超脱争扰;泯合炫耀,涵敛光芒;同众尘垢,混迹世俗。"道"那样地澄寂幽隐,似无而又存,我不知它从何处产生,似乎于上帝之前就已存在。

【注释】

①冲:"冲"即"盅"之古文,训为"虚"。《说文·皿部》:"盅,器虚也。"又,河上公训"冲"为"中"。盈:满、溢、尽。不盈:不满、不溢、不尽。　②渊:幽深。《小尔雅·广诂》:"渊,深也。"宗:祖也。　③挫:锉(剉),锉磨。纷:忿,结恨。和:涵、合。同:混同。尘:尘埃;此处指尘世、尘俗。　④湛:澄(沉)、没。《说文》说:"湛,没也。"《小尔雅·广诂》又说:"没,无也。"此处指"道"隐而无形。　⑤象:似、像。帝:上

帝、天帝(王弼注)。

【评述】

本章为老子之"道"的续篇,被近人张松如称为是老子对"道"的一种"写状"(《老子说解》);张松如还进一步指出:"在以后,(老子)还会一续再续,反来复去续下去。"(《老子说解》)

然而,这种本体之"道"仅续于"写状",还总归是"道"之本体;反来复去"道"(说)本体之"道",似乎不是老子之本意;述说(即写状)"道"之本体,是为了"道"之用,所以老子于本章一开始就讲到:"道冲而用之"。这"用之",如徐梵澄说来是用于"人事"(《老子臆解》)。

如将"挫其锐"用于人事,就要明白锋芒显露总非智者所为。原本以为战争打仗总该保锐气持锋芒,但优秀军事家却又知对方也在"避其锐气"(《孙子兵法·军事篇》),所以常常掩其锋芒,藏其精良,为的是虚实奇正无以捉摸,以便寻机给对方致命一击。"道"之厉害就是如此。

现实生活中,锋芒显露者常遭其剉磨,不断印证这一自然现象:"木秀于林风必摧之,堆出于岸流必湍之"(三国李康《运命论》)。所以人如按"道"行事,就该"虚而不盈"。古人唯恐世人不知此"道"原则,故用"器"来明(铭)之,这就是《荀子·宥坐篇》中讲到的"宥坐之器";此"器"明此"道",那就是注水于器"中"则正,"满"则倾覆。以此"器"作为座右铭,就能常常提醒世人,不能锋芒毕露、锐气十足;招祸惹事均由"锐""芒"所致,所以老子要说"挫其锐"。

同样,如将"和其光"用于生活,就会看到人之居处原本就该"阴阳适中,明暗相半";为了"和其光",防止"明多伤魂,暗多伤魄",室内房中必置帘备屏,"太明则下帘以和其内映,太暗则卷帘以通其外曜",这样就能使人安心平目、身心健康(明周臣《厚生训纂·治家》)。由此推向人事,如同商品广告中的过分炫耀引人反感一样,人之炫耀也同样引人反感,且不符合"和其光"原则。而现在越来越多的人明白炫耀是缺才的表现;炫耀者终究是无光的,自然界中的珍宝美景在没有发现前是从不会向人炫耀的,它们自有它们的和谐妙处。即使有才值得炫耀,或对社会不满想示威"炫耀一番",尽管能使人崭露头角,但带来的负面效应也是可怕的,如同过明过暗均伤魂魄一样,三国魏晋的孔融、杨修、嵇康等均因炫耀,不能"和其光"而招致杀身。对此,开导嵇康的孙登说了一句哲理性的话:"火生有光而不用其光,果然在于用光;人生有才而不用其才,果然在于用才。"(刘宋刘义庆《世说新语·栖逸篇》注引《文士传》)这可算是对老子"和其光"的最好注解了。

由此说到"同其尘"。这"同其尘"犹如入乡随俗,也犹如离乡背井,怀故土一抔流入异地,方能打成一片生存下来一样。所以河上公对它的注解是:"当与众庶同垢尘,不当自别殊。"(《老子道德经河上公章句》)而现代张松如对它更从人事方面解释:"天地间到处弥漫着尘埃,人世间的纷繁复杂情况也是如此,超尘出世的想法是不合理的,众人皆浊我独清的做法是行不通的;不图标新立异,只有同流合污,把特殊混同于普遍中,才合道理。"(《老子说解》)确实如此,举世皆浊我独清,众人皆醉我独醒带来的只能是痛苦。屈原《渔夫》就记下了屈原因举世皆浊他独清,众人皆醉他独醒而导致的痛苦相:"颜色憔悴,形容枯槁";并记下了渔夫开导屈原所用的老子式的"同其尘":"圣人不凝滞于物,而能与世推移。世人皆浊,何不淈其泥而扬其波? 众人皆醉,何不餔其糟而歠其醨?"而屈原却不肯"同其尘",还说:"安能以浩浩之白而蒙世俗之尘埃乎?"这使得深得老子"同其尘"真谛的渔夫大失所望,只得"莞尔而笑,鼓枻而去",这样,屈原的最终结果则是众所皆知的。而结果比屈原好不了多少的曹植也同样不愿做"浊路之飞尘"(同其尘),尽管他还愿意作"清水之沉泥",但这"同其尘"哪能这样区分? 不肯和光同尘的嵇康也因"排俗而取祸"(北齐颜之推《颜氏家训·勉学篇》)。

综上所述,"挫其锐,和其光,同其尘"均体现老子"道"体虚而不盈的原则,用于人事也真能使人得益匪浅,受惠无穷;同样也真能使人感到如老子所言"道"体"湛兮似或存",所以能说它("道")没有("无")吗?

五　　章

【解题】

　　本章老子仍以"天道"喻"人道"。老子认为，天地对于万物无所谓人间的爱与憎、亲与疏、仁与不仁。万物按春夏秋冬自然而然、于雨露霜雪自生自灭。天地犹如一只嘘吸不已的大风箱，虚静而使万物按自身规律产生与发展。由自然说到社会，老子认为圣人君子也应持有这种虚静中正之道，不必对人对事多作肯定或否定，这样才能相安无事。

　　天地不仁①，以万物为刍狗②；圣人不仁③，以百姓为刍狗。

　　天地之间，其犹橐籥乎④！虚而不屈⑤，动而愈出。

　　多言数穷⑥，不如守中⑦。

【今译】

　　天地无所私爱，对万物如"刍狗"一般，听任万物自生自灭；圣人无所偏爱，对百姓也如"刍狗"一样，任凭他们自作自息。

　　天地之间就像一个大风箱，空虚而不穷尽，一嘘一吸运动不已，万物化生不竭。既然天地于物无所爱憎，那么圣人于事于物于人也不必多作肯定或否定(言语)；言语多与政令多一样使人无所适从，自己也会感到碰壁，所以不如持守虚静中正之道。

【注释】

①仁:《说文》:"仁,亲也。"《荀子·大略篇》:"仁,爱也。"此处指有私心的偏爱。天地不仁:天地无心于偏爱。 ②刍狗:古代用草扎成的狗,用来祭神。祭祀时,祭者将盖上花布的"刍狗"恭敬放于神前,祭祀完即扔弃,任人践踏,无顾惜之意。 ③圣人不仁:圣人无所偏爱、亲疏。 ④橐籥:古代冶铸时用的嘘风炽火的器具,尤如今日的风箱。 ⑤不屈:不尽、不竭。 ⑥数:"数读为速,《庄子·人间世》:'以为棺椁则速腐',崔撰本'速'作'数',并其证。"(现代马叙伦《老子校诂》)穷:尽,不通,引申为行不通、碰壁。 ⑦中:古代"中""冲"相通;"冲",训"虚"。守中:保持中正虚静。

【评述】

本章被西汉河上公题为"虚用",即老子将天道"无为"喻用到人道"无为"。

老子认为,天地是一个自然的客观实在,只具物理性,不具思想性(亲疏、爱憎、仁与不仁)。这就是老子说的"天地不仁"。对此三国王弼注曰:"天地任自然,无为无造,万物自相治理,故不仁也";西汉严遵《老子指归》也说:"天高而清明,地厚而顺宁。阴阳交通,和气流行,泊然无为,万物生焉。"因为天地无所偏私、无所偏倚,所以天地万物并生并存,大树小草各得其所,故北宋苏辙认为,"天地不仁"实际上是"天地大仁"(《老子解》)。

然而就是这种"天地不仁"观点,在当时并非为大家认同,相反人们喜欢的是将天地自然中的日月星辰、风云雷雨等一切,均看成具有像人那样的意志、思想和目的。这种将人自身的意愿投射到天地自然万物中的做法(将自然拟人化),直接导致古代的天之仁爱、喜怒哀乐的说法,如《墨子·天志》说:"天之爱民之厚者有矣","賁(隕)降霜雪雨露以长遂五谷麻丝,使民得而财利之";又如《春秋繁露·天辨在人》所说:"天无喜气,何以暖而春生育? 天无怒气,何以清而秋就杀? 天无乐气,何以疏阳而夏养长? 天无哀气,何以激阴而冬闭藏? 故曰天乃有喜怒哀乐之行,人亦有春秋冬夏之气者,合类之谓也。"大概是有了这些,所以也就有了以后的谶纬灾异说,并成为中国古代思想文化的主要内容之一。

这种喜欢将自然拟人化(天之仁爱)的做法,实际上是社会亲(疏)爱(憎)之仁的反映。在这里,与其说人喜欢将"仁"赋于天地自然,不如说人喜欢施"仁"于人类社会。孔子的仁爱学说经久不衰就说明这点。然而有"亲"必有"疏",有"爱"必有"憎",即使是"仁者",也不可能施仁授爱于普天之下。对此王弼在此章中注说:"仁者必造立施化,有恩有为。造立施化,则物失其真。有恩有为,则物不具存。物不具存,则不足以备载。"这样一来,相比天地不仁(无所偏私无所偏倚)来说,大树小草各得其所这样的情景就会消失,"造立施化"于"小草",那么"大树"也得砍也得伐,"造立施化"于"夏虫",那么"夏虫"也必定能语"冬冰",所以社会一旦施"仁"、授"爱",必然是"物失其真";同样,如鲁哀公"有恩有为"于"儒衣",这举国上下必定"皆着儒衣",这犹如"断鹤续凫"一样,使多样性之"物不具存",也不"备载"。

所以由天地自然、无所偏倚,使万物并生并存而提出社会也得这样:圣人无所偏私,才能相安无事。

与人之喜欢将自然拟人化相辅相成的是,人同样喜欢将人拟物化,如《世说新语·赏誉篇》中就有这样的记载:山涛如璞玉浑金,和峤森森如千丈松,王衍神姿高彻如瑶林琼树……这种人之物化成什么的赏誉实际上是流行的人物品藻(评)。如同社会施仁必有亲疏爱憎一样,这人物的品评也必有优劣善恶之规定。在这里同样须明白的是,对天地作"仁与不仁"的赋予,这天地实际上是不会做出必然的反应和报复的,而一旦对人物作优劣善恶之品评却会必然带来反应,乃至后果的。如同一阶层品评人物之优劣善恶就会引起反目、不和与争斗,而下层人物品评上层人物之优劣善恶,则又可能引起像东汉末年那样的党锢之祸;反之上层人物品评下层人物之优劣好坏,则又可能误导方向、毁人一生。鉴于此,老子说道:"多言数穷",也即河上公注说的:"多事害神,多言害身,口开舌举,必有祸患。"又鉴于天地无为(不仁),万物自然,老子又说到:"不如守中",即无所偏倚,对事物不作明确的肯定或否定,守中正虚静之道。这种守中正虚静之道,尤如魏晋名士司马徽对事对物对人不作具体品评皆言"佳"一样,于下层人物来说,可以与人平安相处,免却祸害,于上层统治者来说,则可无为而治,无"尚举"之负面,社会也就能相安无事。

为了进一步说明这种无所偏倚的守中之道,老子还用橐籥(风箱)比喻说:这橐(壳、囊),为函以周罩于外(如天地),这籥(管),为辖以鼓扇于内。而这"籥"只有保持一嘘一吸平衡(守中)运动,才能化生不竭,万物才得以并生并存,生灭自然;如置"籥"偏倚于一处,停当于一时,这嘘吸平衡就会终止,化生穷竭则万物不能并生并存。由此喻用到"人道",人也必须心思至虚至中、不偏倚于一处一时,这样就能应对自如,于人于己都有好处。这就是老子的"橐籥"(风箱)理论。

六　　章

【解题】

本章老子继续对他的"道"作描绘(即写状)。老子以山谷之"谷"中空无物,才有空灵神妙的变化,来比喻"道"体的变化无穷;又以玄牝产生万物象征"道"体为天地万物之始源。所以河上公题本章为"成象"。

谷神不死①,是谓玄牝②。玄牝之门,是谓天地根③。绵绵若存④,用之不勤⑤。

【今译】

如山谷这样的虚空变化是无穷的,这就如同微妙的母体。微妙母体产生万物之门是天地万物的根源。它绵绵不断似乎永存,起的作用是无穷无尽的。

【注释】

①谷:指两山夹峙间中空低洼地;故"谷"可以喻为"虚空"或中空无物。神:神妙莫测。不死:不穷竭;此处喻变化无穷。　②玄:微妙难知。牝:母体。玄牝:微妙的母体。　③门:门户。根:根源。④绵绵:苏辙《老子解》说:"绵绵,微微而不绝。"　⑤勤:尽。不勤:不穷尽。

【评述】

老子惯以"天道"喻"人道",还惯以"物"喻"道",如用"水"喻"柔"、喻"阴"、喻"智"一样,本章老子以"谷"喻"道",其本意是想使人们对"道"能想象出个模样来。

这"谷",历代注释家有以"浴"训之,也有以"穀"解之,还有以"欲"通"谷",更有训"谷"为"养",即"养生"之"养"(如河上公)。然而,根据五千言《老子》其他章节言"谷"来看(如三十二章"犹川谷之于江海"、二十八章"为天下谷"等),这"谷"仍当以(山之)"谷"为当,"谊皆取其空虚深藏"(现代蒋锡昌《老子校诂》)。所以魏源的《老子本义》就讲到"谷之于响"这样的话。

在这里,当人们纷纷游山、咏山、释山,以"山"喻"仁"之时,老子却高明地,并很早地将目光注视于这山之"谷";这大概在于山之"谷"所蕴有的内涵要远远超出这"山"本身。这里以战国宋玉的《高唐赋》为例,宋玉于山坡、山顶看物景,其感觉与其他名山相差无几:榛林郁盛,葩华覆盖,绿叶紫裹,丹茎白蒂……箕踵漫衍,芳草罗生,薄草靡靡,联延夭夭,越香掩掩,众雀嗷嗷,鵾黄楚鸠其鸣喈喈……然而当宋玉俯视山谷时,却得出别样感觉:"窥寥窈冥,不见其底,虚闻松声,倾岸洋洋,立而熊经。久而不去,足尽汗出。悠悠忽忽,怊怅自失,使人心动,无故自恐……卒愕异物,不知所出,继继莘莘,若生于鬼,若出于神,状似走兽,或像飞禽,谲诡奇伟,不可究陈"(《高唐赋》)。这种"谷体"窥寥窈冥、悠悠忽忽的感觉,大概老子也有过,所以会在此章以"谷"喻"道"。同样,"谷体"中"卒愕异物,不知所出,继继莘莘,若生于鬼,若出于神,状似走兽,或像飞禽,谲诡奇伟,不可究陈",也必定为老子所经历,所以老子也会将这种"谷"等同于产生物体的"玄牝",并以此为天地万物之根源。于是就有了本章的内容。

有了这本章"谷"之内容,当人们在读到山之"谷"时,就可因"山谷"而悟:人之体应如山之实,人之心应如谷之虚,这样"虚其心,实其体"就能达到修养心性的目的。

还有,不知是否受老子以"谷"喻"道"的影响,古代不少文化与"谷"有关系,如老子于函谷关撰写《道德经》,尹喜则守函谷关,而鬼谷子直接隐居"鬼谷"……以后还有一种以"谷"为"号"的文化现象,如宋儒黄庭坚以"山谷"为其"号",明儒张节以"石谷"为其"号",邓元锡以"潜谷"为其"号"。这些说明"谷"在古代人心目中的地位很重要,也说明他们无非是看到了"谷"之深蕴的内涵,其他不论,声之于"谷"就会产生与平时不一样的声响和回音,所以清魏源会在《老子本义》中说"谷之于响,惟其无所不受,是以无时不至"这样的话;也会有明儒"心如空谷,呼之则响,原非其本有"这样的心性认识。

诸如此类,源头是不是老子《道德经》之六章则不得而知,但老子最早以"谷"喻"道"却是应肯定的,而且比之以"山"喻"仁"高明也是肯定的,其中犹如"混沌"有更多的内涵,也同样是肯定的,所以老子会说"绵绵若存,用之不勤"这样的话。

七　章

【解题】

本章老子要"人道"效法"天道"，提出天地都能长久永存，与天地同出一源的人难道就不能做到这点？老子进而认为人只要"后其身""外其身"，"无私"才能向它的对立面"有私"转化，人才能与天地一样长久永存。

天长地久。天地所以能长且久者，以其不自生①，故能长生②。

是以圣人后其身而身先③，外其身而身存。非以其无私邪？故能成其私④。

【今译】

天长地久。天地之所以能长且久，是因为它们不为自己而生存运作，所以能够长久生存。

因此，得"道"之人置自身于最后，结果反而能占先；置自身于度外，结果反而能安存。这不正是由于他没有私心，从而能成就他自己。

【注释】

①不自生：唐成玄英疏为"不自营己之生也"（《道德经开题序诀义疏》），指不为自己私利而生存运作。　②长生：长久生存。　③后其身而身先：置自身于最后，结果反而能占先。　④成其私：成就他

自己。

【评述】

本章老子还是以"天道"喻"人道",要"人道"学"天道"。

在老子看来,天地之所以能长且久,是因为它们的一切生存运作都不是为自己,所以能够长久生存,这就如清魏源在《老子本义》中说的:"天施地生而不自私其生",也即如《管子·心术下》中说的:"天无私覆,地无私载"。由此推衍到与天地同出一源的人身上,如人也能无私、处后居下、置身度外、先人后己,这样别人就不容易加害于他,于是尽管"后其身""外其身",但最终却能占先、身存、保命。所以老子称这种"无私",反倒能"成其私"。

对于老子这种由"天道"借喻过来的"人道",能深刻理解并能运用自如的要数战国鲁相公仪休。公仪休喜欢吃鱼,却从不接受别人贡献来的鱼,在回答为何不受其贡时说:正因为喜欢吃鱼,故不接受别人献的鱼,因为受其鱼(犹如受贿),有可能被罢免相位,不接受其鱼(拒贿),就不会有罢相的危险,不罢相位,反倒可以长期吃到鱼(《淮南子·道应训》)。这不充分印证老子所言:"非以其无私邪?故能成其私。"

又如三国时诸葛亮向刘禅表"无私",要将成都桑枝八百、薄田数顷悉数上交,"不使内有余帛,外有赢财"(《三国志·蜀书·诸葛亮传》);这种"无私"表白也同样使人不好意思,所以这些"余帛""赢财"非但不会上交,还会博得"无私"美誉,并以"鞠躬尽瘁死而后已"(《后出师表》)的形象长存人之心目中。

因为老子在本章中有此转换手段、"辩证"方法,所以河上公题本章为"韬光"。然而洋人看此点,却认为是中国人的美德,如英国李约瑟在《中国科学技术史》第二卷《科学思想史》"道家与道家思想"一章中引到本章时说的这么一大段话:"在中国,由谦让和退让而得来的不可思议的美德、社会声望以及最后的'面子',已成为这个文化中的统治因素。关于这一点，凡是在中国居住过，并亲身经历过和一群人一起走过一个门道时的那种困难，或亲眼见过学者们在一次宴会上是怎样积极争相推让上座的人，都很了解。"显然，李约瑟没有看懂这"争相推让上座"的人，有不少是怀着老子这种"后其身而身先"的手段和目的的，而并非是"不可思议的美德"。在这里，李约瑟起码是看显浅了，或是"雾里看花"。这也同样说明不生活在中国这块文化土壤上的人是往往不能深得其中内涵的，这犹如洋人学京戏，一招一式尽管相似，但其韵味却被这相像的一招一式化解殆尽。

八　章

【解题】

本章老子以"水"喻"人道"，即如河上公《老子道德经河上公章句》所说："水性几（近）于道同"。进而老子又认为，"道"的体现者——圣人，其言行之德应当类似于"水"之德，诸如像水一样处低卑洼地，像水一样湛静深沉，这样人才不会有过失。本章反映了老子的人生态度。

上善若水①。水善利万物而不争，处众人之所恶，故几于道②。

居善地③，心善渊④，与善仁⑤，言善信，政善治⑥，事善能，动善时。

夫唯不争，故无尤⑦。

【今译】

上善之人像水一样。水善于滋养万物而不与万物相争，甘心停留在众人所厌恶的低洼地方，因此最接近于"道"。

居处善于像水那样安于低卑洼地，心胸善于像水那样虚静深沉，交友善于像水那样施仁亲爱，说话善于像水那样遵守诚信，为政善于像水那样精简清明，处事善于像水那样无所不能，行动善于像水那样顺时变化。

正因为像水那样与物无争，所以才没有过失。

【注释】

　　①上善若水:河上公注:"上善之人,如水之性。"(《老子道德经河上公章句》)　②几:接近、相似。　③地:低卑的意思。　④渊:深静的意思。　⑤与:予,指和别人相交。　⑥政:王弼本作"正";"政""正"相通,故改为"政",有行政的意思。　⑦尤:过失。

【评述】

本章老子从常见的自然物——"水"中引申出"水德",然后认为圣人品德必具"水德",这样才能真正体现"道"德,即人生道理("人道")。

在中国,除出现在《禹贡》《水经注》《河渠书》等典籍中的"水",还保持着纯粹意义上的"水"外,不少典籍中出现的"水"已被赋予了人文精神,如《战国策·西周策》中讲到的"东周欲为稻,西周不下水"的"水",就被赋予了促使华夏统一的重要水文精神;而《管子·水地篇》则将"水"比作"万物之本原,诸生之宗室",还将"水"与当时春秋七国的人文民性相联系,如"齐之水道躁而复,故其民贪粗而好勇;楚之水淖弱而清,故其民轻果而贼;越之水浊重而洎,故其民愚疾而垢……"。

"水"在有些典籍中还被赋予了道德意义,如《荀子·宥坐篇》就讲到孔子观水时的着眼点:"夫水,大遍与诸生而无为也,似德。其流也埤下,裾拘必循其理,似义。其洸洸乎不淈尽,似道。若有决行之,其应佚若声响,其赴百仞之谷不惧,似勇。主量必平,似法。盈不求概,似正……其万折也必东,似志。"于是就有了"水德"的说法。

而老子则从水中引申"水德",以赋圣德。苏辙《老子解》说:"水无所不利(万物);(水)避高趋下未尝有所逆,善地也;(水)空处湛静深不可测,善渊也;(水)挹而不竭,施不求报,善仁也;(水)圆必旋,方必折,塞必止,决必流,善信也;(水)洗涤群秽,平准高下,善治也;(水)以载则浮,以鉴则清,以攻则坚强莫能敌,善能也;(水)不舍昼夜,盈科后进,善时也。"

按照老子以"水德"赋圣德的原则,那么,人就必须兼有上述这些德行。但实际是不可能的，就是圣贤尧舜、孔孟也都无法做到这么完善。所以老子又从"道"体无为不争、处卑求存出发，强调水"利万物而不争，处众人之所恶"，认为做到这一点，也算是得道之人，所以说"几于道"。

这"水"润万物而不争，与天无私覆、地无私载同工异曲，人赋此德也必然能做到成其私、求其存。而唯独这要求人像"水"一样，避高趋下，却有悖"人往高处走"的常理。然而，这恰恰是老子思想的精华所在；老子认为人往高处走不一定是好事。对此近代曾国藩深有体会，他在给兄弟的信中讲到："至阿兄忝窃高位，又窃虚名，时时有颠坠之虞。吾通阅古今人物，似此名位权势，能保全善终者极少。"（《家书》同治元年六月二十二日《致沅弟季弟》）为了防止从高处颠坠，曾国藩在给兄弟的信中又讲到："此后总从波平浪静处安身，莫从掀天揭地处着想。吾亦不甘为庸庸者，近来阅历万变，一味向平实处用功。非委靡也，位太高，名太重，不如是，皆危道也。"（《家书》同治六年正月二十二日）

由此联想到汉代张良，也是在权势显赫之时自求封于"留侯"而隐退，这实际上是效仿上述"居善地"，"处众人之所恶"的"水德"道理。再联系到春秋时代老子本人，一生始终以卑职（周守藏史）自处，并于衰乱之世出走函谷关，这不能不说是对"居善地"的最好注解。

那么，无权势名声显赫者，是否就无必要遵循这种"处众人之所恶"的"水德"？庄子认为，此"水德"带有普遍性，他以处卑不材之木反而得以生存的例子来喻说此理，进而用人世间地位低卑、受众人轻视的支离疏来说明"处众人之所恶"的反而能"无尤"。这是因为支离疏含垢有残，所以政府征兵、征税就找不上他，而放赈救济贫病却又必找上他，所以庄子说他不仅能养身，还能享尽天赋之年（《庄子·人间世》）。这当然是由于"处众人之所恶"而造成的。

在这意义上说，凡人不都可以从这"水德"中得到些启发吗？

九　章

【解题】

本章为第八章之继续。如果说第八章老子以"水"暗喻"道"(人道)——"处众人之所恶",无为不争而无尤的话,那么,本章老子则明说,盈满富贵不知足必是灾祸的根源。此二章互为里表,反映老子的人生道理,即"人道"。

持而盈之①,不如其已②;揣而锐之③,不可长保。

金玉满堂,莫之能守;富贵而骄,自遗其咎④。

功遂身退⑤,天之道也⑥。

【今译】

执持盈满,不如罢休;显露锋芒,难保长久。

金玉满室,难以守藏;富贵而又骄傲,自取灾祸。

功成身退,是符合天道自然规律的。

【注释】

①持:执持。盈:充满、盈满。　②已:停、止、休。　③揣:读为"捶"。《说文》曰:"揣,捶之。"指捶击使之尖锐,意为锋芒毕露。④咎:灾祸。　⑤遂:成。　⑥天之道:指天地自然规律。

【评述】

本章老子继续解说他的"人道":不可"富贵而骄",要"功遂身退"。

　　老子在八章中提倡人无为不争,像水一样"处众人之所恶",于波平洼地处安身的人生哲学。老子唯恐世人不能理解领会,于是在本章索性像后人评其哲学是"尝到过'成功'的痛苦的人的哲学"那样,列出成功的标志,即金玉满堂、功成名就;然而,这又怎么样呢? 老子认为这种金玉满堂、富贵功成如同自然现象的"持盈""揣锐"一样,必覆、必折,难保长久。而一旦失去,也必定是痛苦的,因为这些他毕竟曾拥有过。与其这样,老子认为不如早早罢休,无须使自身的身心受如此煎熬,这也就是老子于后一章提出的"营魄抱一",如婴儿样抱朴。

　　然而,任凭老子如此暗喻明说这些人生道理,有时说不定也能为世人所明白,但人一旦处于社会生活的漩涡中就往往会昏了头,只要条件充分,必会不遗余力地敛财聚物。而一旦敛财聚物到"金玉满堂",这事物的辩证法就必然会表现出来:"金玉满堂"不是被人偷盗,就是被子孙败光,历史上极少有三代不败之事例。在这意义上说,"不可长保""莫之能守"是千真万确的。

　　也因为有这样的辩证法在起作用,所以明白此理的春秋战国孟尝君之门客冯骥,就不再参与孟尝君的收债聚财活动,反而为孟尝君散财(烧毁债据)聚义,使孟尝君在落难时能受到薛地债户的照顾而免遭捕杀。

　　相反,有人如果不停地敛财聚物,这不仅是财物"莫之能守",有时恐怕连命也会搭上,如西晋石崇就是如此。《世说新语·汰侈篇》注引《续文章志》说:"(石)崇资产累巨万金,宅室舆马,僭拟王者。庖膳必穷水陆之珍。后房百数,皆曳纨绣,珥金翠;而丝竹之艺,尽一世之选。筑榭开沼,殚极人巧。与贵戚羊琇、王恺之徒竞相高以侈靡,而崇为居最之首,琇等每愧羡以为不及也。"这种与羊琇、王恺等人斗富,使人"愧羡",就已蕴含着老子所说的"富贵而骄",也就必然"自遗其咎",最终遭人杀害。

　　人于货殖不遗余力敛聚,同样,人处宦海也竞相攀爬。因此要想真正做到"无为"是不太可能的,于是老子也作适当让步,在此章提出最低要求,即"功遂身退"。

这种"功遂身退",老子认为就像昼出夜没、寒来暑往、花草开谢一样,符合天道变化之道;所以世人要明白"花无百日红,人无千日好"这种变化之道,处功成名就之时,就应像花果草木盛开后悄然逝去,这样才可"无尤"。如人处功成名就之时,还要"揣而锐之",就必会折断,无好下场。如功成名就后的越国文种,还想与越王勾践共安乐而不及时退隐,最终惨遭杀害。反之,范蠡却"功遂身退","乘轻舟以浮于五湖",尽管"莫知其所终极"(《国语·越语下》),但起码不会遭致杀害。同样,近代曾国藩也能在居高位时做到抽身引退,免却麻烦。这就是老子说的"功遂身退"的人生道理。

十　章

【解题】

本章老子阐述修身之道理。老子为了防止人之精神感官诱慕于外物,以致有欲、有为、追名逐利,故在此章提出"守雌抱一""涤除玄览""专气致柔"等修身养生方法。

载营魄抱一①,能无离乎? 专气致柔②,能如婴儿乎③?

涤除玄览④,能无疵乎⑤? 爱民治国,能无为乎?

天门开阖,能为雌乎⑥? 明白四达,能无知乎?

生之畜之,生而不有,为而不恃,长而不宰,是谓"玄"德⑦。

【今译】

使精神与形体合一,能不相分离吗? 结聚精气以致柔顺,能像无欲的婴儿吗?

洗涤杂念观照心镜,能不染尘垢吗? 爱民治国,能弃智巧而无为吗?

感官接触外界,能做到守静感寂吗? 悟彻明白事理,能不使心机(智)掺杂其间吗?

生长万物,畜养万物,然而生长而不占有,施为而不把持,导引而不宰制,这就是最深远的"德"。

【注释】

①载:为"哉"字。前人考定,"载"(哉)字属上句,即隶属于第九章末句"天之道也"之后(见《册府元龟》唐玄宗天宝五载诏云)。这样去掉"载"字后的"营魄抱一"与"专气致柔""涤除玄览""爱民治国""天门开阖""明白四达"均为四字一句,读来一气呵成,朗朗上口。此处仍按王弼本,保留"载"字,作助语词。营魄:魂魄(河上公注),泛指精神、灵魂。抱一:"一谓身也。抱一,犹云守身也。"(现代高亨《老子正诂》)②专:是"抟"的假借字,"抟",结聚。专气:结聚精气。 ③婴儿:"用做动词,成为婴儿。"(高亨《老子注译》) ④涤除:洗涤。览:古代通"鉴",皆指镜子。 ⑤疵:弊病、疵瑕。 ⑥天门:耳目口鼻等感官,如荀子说的"天官"(《荀子·天论》)。开阖:动静开合。雌:象征静、寂。⑦畜:养。为:作为。恃:持、握。宰:主宰、宰制。这几句与《老子》五十一章错简重出。

【评述】

本章老子为道家立治身修性之道,使以后道家无不从中汲取养生之道。

此处老子治身之道是续《老子》各篇章之余绪而提出的,如《老子》九章说到"金玉满堂,莫之能守",十二章讲到"五色令人目盲",十九章讲到"少私寡欲"……诸如此类,无非是反对人之有欲、营求。但人居尘世难免营求,不营求无以为生。所以"营求"在养生学派那里是有一定标准的,如明高濂在《遵生八笺》中说道:"人居尘世,难免营求。虽有营求之事,而无得失之心,即有得无得,心常安泰。"(《清修妙论笺上》)然而凡夫俗子哪能有此心态?所以也往往不能守真,爱嗜好之摇奋,营名利之浓烈,驰骋流遁,有迷无返;而一旦发展到这种程度,也必有疾病灾祸伴随之,这就如明郑瑄在《昨非庵日纂》中说的:"浓于声色,生虚怯病;浓于货利,生贪饕病;浓于功业,生造作病;浓于名誉,生矫激病。"(《颐真》)于是为了避祸养生,也就有了《老子》本章的束身治身、养生修性之方法。

这方法简易可行,按老子说来,人要时常看看、想想人之精神、情感、思绪是否游离人身而外感于物,即"营魄抱一,能无离乎"? 人要明白身外无物,人要时常将身与物(名利)作比较,孰为亲、谁为重? 像明代罗近溪便是从了解"临刑之人"的心态中,明了此理的:"临刑之人一心一意求保全性命,往日种种所作所为,大名位大爵禄到此都用不着"(《明儒学案·泰州学案三》)。这样就会做到营魄抱一而无离,身神并一为真身。

这种方法还可循序渐进,按老子接下说来,人要时常坐而抱镜于胸,以镜喻心,擦镜如拂情复性,镜之明净即是心之清静,镜上一尘不染即心无私心杂念、无丝毫云翳;有时还可将居室打扫得一尘不染,以反作用眼目心镜一尘不染,这样也就能做到涤除玄览而无瑕无疵。

人如于私、于情、于欲还有反复,时常对贫、对苦耿耿于怀,恨名没有,恨财不发,不能安贫乐道,老子接下来以婴儿启发之:婴儿饱即睡,饥即啼,无虑无忧、无掩无饰而无欲(欲之有限),天真无邪、率性纯朴,那么,从婴儿发展过来的人,有必要于物于名存过多的欲和虑、忧和愁? 掩性饰真? 同样,婴儿饱即乐、睡中笑,那么,人又何必不乐? 非得恨财不发,恨名没有? 人如一旦想通,似婴儿像孩提,这心也静,气也柔,于治身修性不是很好吗?

苏辙说:"圣人之道即以治身,推其余以治人"(清魏源《老子本义》引),老子之道推己治身,推其余以治人,"道体"能"用"。设想经过治身修性后的人去治国治家,能不自然无为吗? 这就是老子于此章说的"爱民治国,能无为乎"?

十 一 章

【解题】

本章老子以常见的车、器、室三个实体——"有"为例，说明人们通常注重的这些器物实体的有用，在于这些有用实体具有了空处——"无"，所以才有了它们的作用：碗中空才能盛饭，室中空才能住人，以此提醒人们不可忽视"空""无"的作用。

三十辐共一毂①，当其无，有车之用②。

埏埴以为器③，当其无，有器之用。

凿户牖以为室④，当其无，有室之用。

故有之以为利，无之以为用⑤。

【今译】

三十根辐条集中到一个毂中，有了毂中的空处，才有车的作用。

揉和粘土做成器皿，有了器皿中间的空处，才有器皿的作用。

开凿门窗造成房室，有了门窗四壁中间的空处，才有了房室的作用。

所以，"有"（器的实体：车、器、室）给人便利，"无"（器的空处在其中）发挥了它的作用。

【注释】

①辐：车轮中连接轴心和轮圈的直条。三十辐，《考工记》曰："轮

辐三十,像日月",即古时候的车轮由三十根辐条构成;"三十"取法于每月三十日这数。共:通"拱"字,有"拱卫""集中"的意思。毂:车轮中间凑辐插轴的部件。　②无:指空处;以下"当其无"的"无"也作"空处"解。　③埏:揉和。埴:粘土(《字林》)。　④凿:打孔、打洞。户牖:门窗。　⑤之:助词。有之以为利,无之以为用:"有"(器的实体)给人便利,"无"(器的空处在其中)发挥了它的作用。

【评述】

本章老子"有"(器物)、"无"(器之空处)对举,皆在提醒人们不可光注重实有而忽略"空处"的作用。

在这里,老子实体性质的"有""无"不同于《老子》其他篇章中出现的本体论意义上的"有""无";同样,这里的"无"也并非"无"(没有),而是指"空处",如徐梵澄《老子臆解》说:"此无,皆所谓空处。"

处在上一章强调治身修性和下一章强调贵俭无欲中间的本章,老子突然用起车毂、器空、户牖来喻说"空处"的作用,这似乎有些蹊跷,难道真如后人所言,《老子》篇章被王弼重新排定而有所错出? 然而转念想到,庄子不也同样用过社树无用而免受斧斤之患,来喻说社会全生避害在于以无用为大用吗? 这样也就释然了。本章老子承上一章之治身修性,从器物对人有用,但不可忽视器物的空处在这中间起的作用,来喻说人在欲念占有那些于人有便利的"物"(有)时,同样需要有无对举,将凡事凡物看"空",视天下名利为尘劳妄幻,风灯聚沫不足倾恋,这样下一章的"贵俭无欲"才能承接下去。

依唐白居易《短歌行》的说法,"世人求富贵,多为奉嗜欲",就以读书求功名来说,"负笈尘中游,抱书雪前读,布衾不周体,藜茹才充腹",到了"三十登仕途,五十被朝服",但人到五十登仕途被朝服又怎么样呢? 却是"耳目聋暗后,堂上调丝竹;牙齿缺落时,盘中堆酒肉",如此想来过去汲汲于"有",不都是"空"的吗?

然而,凡夫俗子难以悟彻,所以老子于此喻说,提醒人们。故此章也被河上公注解为:"治身者当除情去欲"。

　　当然,视"物"为"空",并不等于"无",如同上述"后其身而身先,外其身而身存"一样,生活的辩证法就是如此,"以其无私"反倒能"成其私",以其"无"(空)反倒能成其"有",这就是老子有无并举的潜台词、有无相生的发展观,也是被人视为《老子》"狡猾"的一方面。

十 二 章

【解题】

本章老子提醒人们对于声色货利乃至口腹之欲,要加以节制,不可纵情任性、流逸奔竞而导致目盲、耳聋、口爽、心狂这些后果发生。所以道家治身修性强调的是"为腹不为目",去奢泰、存俭朴。

　　五色令人目盲①,五音令人耳聋②,五味令人口爽③,驰骋畋猎令人心发狂④,难得之货令人行妨⑤。

　　是以圣人为腹不为目⑥,故去彼取此⑦。

【今译】

　　缤纷色彩使人眼花缭乱,喧噪音调使人耳朵发聋,恣饕美味使人滞胃浊口,纵情狩猎使人心浮放荡,稀奇财物使人行为出轨。

　　因此圣人以物养己,但求恬淡安饱而不以物役己,去追逐声色之娱,所以是舍后者(目)而取前者(腹)。

【注释】

　　①五色:黄、青、赤、白、黑。 ②五音:宫、商、角、徵、羽。 ③五味:酸、甜、苦、辣、咸。爽:《广雅·释诂》:"爽,伤也。" ④驰骋:马纵横奔跑。畋:猎取飞禽走兽。心发狂:心浮放荡。 ⑤行妨:伤害行为。 ⑥为腹不为目:王弼注:"为腹者以物养己,为目者以物役己",即以物养己,但求恬淡安饱,而不以物役己追逐声色之娱。 ⑦去彼:指舍弃"为目"的生活。取此:指摄取"为腹"的生活。

【评述】

本章老子继续阐发治身修性去奢无欲之道,故此章又被河上公题为"检欲章"。

老子之"检欲",由上述提倡检束自我"营魄抱一,能无离乎",具体到本章提倡检束自我感官游离身外、追逐流逸淫佚否?

为什么如此反复强调检束自我(心灵乃至感官)? 东晋葛洪说:人有一种不学而已成的本事,物相世界也有一种不召而自来的现象,主客体一结合就有了"荣华势利诱其意,素颜玉肤惑其目,清商流徵乱其耳,爱恶利害搅其神,功名声誉束其体"(《抱朴子·至理篇》)的事情发生,而一旦发生这种事情,如上所述,这病、这祸也就相伴而来,所以为了自我,人有必要时常检束自我。

光检束自我还不够,还要明白这些给人带来的危害:疾病灾祸是如何相伴之的。这如同检束毒品还必须指出毒品对人的生理心理之危害一样。这里也要明白过分追逐五音五色五味对人的生理心理的危害,于是就有了老子的"五色令人目盲,五音令人耳聋,五味令人口爽,驰骋畋猎令人心发狂"的说法。

在这里,就"五味"对人的关系来说,五味对五脏各有所宜,若食之不节,必至亏损,那就是咸多伤心,酸多伤脾,辛多伤肝,苦多伤肺,甘多伤肾;同样,人对五味,相挠食之,也必定为胃患;若再恣意美味,多餐暴食必致壅阏、气耗血竭……所以,人有什么理由对"五味"过分追逐、饕餮恣意? 由此推到五音五色对人也有这种关系。

既然厚味伤人,那就不如饮食恬淡以养人,由此引出传统的"茹淡论",如元朱震亨在《格致余论·茹淡论》中引说的那样:"味有出于天赋者,有成于人为者。天之所赋者,若谷、菽、菜、果,自然冲和之味,有食人补阴之功。"同样由此推向"五音五色",人就有必要"遏欲视之目,遣损明之色,杜思音之耳,远乱听之声"(《抱朴子·至理篇》),做到恬淡宁静。如再将"淡和"推向社会生活,恬淡平凡方能得物之真味真性;安于冲和,这"心"方能收住,这"火"方能降下。鉴于此,人有什么理由不去奢泰而存俭朴？这就是《老子》本章所要提示的。

老子似乎还感到意犹未尽，于是接下去说到"难得之货"、稀奇宝物对人的影响，这就是老子说的："难得之货令人行妨"。这"难得之货"、稀奇宝物对人的影响要远远超出五味五音五色对人生理本身的影响这一范围，如《史记·晋世家》讲到：曲沃武公伐晋侯缗并灭之，然后"尽以其宝器赂献于周釐王"，这样使原来支持晋侯缗的周釐王反过来支持武公，命武公为晋君，列为诸侯；这武公之所以能做到这点，无非是凭借"难得之货"，这"令人行妨"也不仅仅局限于人之本身，而在人我之间产生影响。在这"难得之货"、稀奇宝物之下，什么事情不会发生？什么事情不能办到？所以就这点，怀着本章去奢泰存俭朴之宗旨的老子对"难得之货"的排斥表现得尤为激烈，要"去彼取此"（俭朴）。

十 三 章

【解题】

本章老子将社会中人之得宠与受辱等同,认为人对"宠""辱"(等名利)反应强烈(若惊),说明人还有欲其身,有私其身;按老子无私无欲为人原则,人有私有欲也必有"大患"。所以为了"无患",就必须"无身"(无我),即不得有别于人、有显于身;我身即天地之一物,内外无异,又何来"大患"?

宠辱若惊,贵大患若身①。何谓宠辱若惊?宠为下②,得之若惊,失之若惊,是谓宠辱若惊。何谓大患若身?吾所以有大患者,为吾有身,及吾无身③,吾有何患?故贵以身为天下④,若可寄天下;爱以身为天下,若可托天下⑤。

【今译】

得宠和受辱都感到惊慌,把祸患和自身一样看重。什么叫得宠和受辱都感到惊慌?得宠者为下人,得宠感到惶恐不安,失宠也感到惶恐不安,这就叫得宠和受辱都感到惊慌。什么叫把祸患和自身一样看重?我之所以有祸患,乃是因为我有自身,如果没有自身,我还会有什么祸患?所以看重自身去为天下,就可以寄以天下;爱护自身去为天下,就可以托以天下。

【注释】

　　①宠:宠爱、得宠。辱:受辱、侮辱。若:犹乃也。惊:惊慌、惊恐。贵:重视、看重。　②宠为下:得宠者相对宠者来说往往是为下人。③及:如果;假设之词。无身:与"有身"相对,意义相反。　④贵以身为天下:看重自身去为天下。　⑤两个"若"字都作"乃"字解,古声韵"若""乃"相通,表示判断,相当于"才""就"。

【评述】

本章老子继续讲他的为人之道。

这里,被后人誉为"处人间世之第一人"(明袁宏道语)的老子又有独到见解,认为那些被人引以为荣的"得宠",并非是"荣"而是"辱"。所以本章一开始就将"宠""辱"等同。这独到见解又如何理解呢? 清魏源在《老子本义》中解释说:"宠人者上人,宠于人者下人",为"人下",不是"辱"又是什么呢? 所以老子将"宠"定为下。对此,明释德清作进一步解释:"宠为下,谓宠乃下贱之事也。譬如僻幸之人,君爱之以为宠,虽卮酒脔肉必赐之。非此,不见其为宠;彼无宠者,则傲然而立。以此较之,虽宠实乃辱之甚也。"(《老子道德经解》)"得宠"一时无非是被用一时;宠爱相加无非要下人加倍回报主子。在这里,宠爱相加与加倍回报是相等的,但主子与下人的人格却是不平等的。然而遗憾的是,"世人皆以宠为荣,却不知宠乃是辱"(释德清语),有的还"受宠若惊"。

这"受宠若惊",按老子看来,要比"不知宠乃是辱"更坏,说明"受宠若惊"之人实在是太"迷之于荣宠"(王弼语),有私有欲表现得太强烈。而一旦迷于荣宠,按老子无私无欲为人原则来看,这"大患"也必定"返之于身"(王弼语),这"大祸"也必定降至于你。

为了免于祸患,老子再次提出"无身"原则;这"无身"是天地委形于我,我就不能有显于身,有别于人;这在东晋张湛《列子·天瑞篇注》说来,"我身即天地之一物","外内不得异",这样强盗小偷又怎么会光顾于你？强盗小偷不来光顾你，又何来"祸患"？既然天地委形于我，不得有显其身，有别于人，就没有必要"饰爱色貌，矜伐智能"，就没有必要"横仞外物以为己有，乃标名氏以自异，倚亲族以自固，整章服以耀物，藉名位以动众，封殖封货，树立权党"（《列子·天瑞篇注》）；这样无私无欲，又何来"祸患"？同样，天地委形于我，不得有显其身，有别于人，这上层主子宠爱相加又何从入手？

然而，人又往往不明白这些，总要有别于人，有显其身，以"得宠"显我为人生目标，但最终的结果却往往好不到哪里去，如为显事君之我，比干剖心、伍胥乘潮；为显行道之我，孔子伐木于宋、绝粮于陈……鉴于此，老子提醒："吾无身，吾有何患？"

这样，无身（无我），就"无物可以损其身，无物可以易其身"（王弼语），傲然而立，无身反成有身（贵身），以此去处天下，天下就可以寄托之，所以尧能因四岳，禹能因江河，凡人百姓愿随圣贤（宠辱不惊、富贵不淫、贫贱不移）而远小人（如宠辱若惊），这就是《老子》本章最后说的："贵以身为天下，若可寄天下；爱以身为天下，若可托天下。"

十 四 章

【解题】

本章老子继续对"道"写状，指出"道"是无形、无声、无体的混然物；在有"道"之前的情况，不甚明了；有"道"之后，其上不皦，其下不昧，纷绵不息而不可名状，恍恍惚惚而似有似无。人如掌握"道"的规律，既可驾驭现实，也可推知原古，这就是"道"的纲纪。

视之不见，名曰"夷"①；听之不闻，名曰"希"②；搏之不得，名曰"微"③。此三者不可致诘④，故混而为一⑤。其上不皦，其下不昧⑥，绳绳兮不可名⑦，复归于无物。是谓无状之状，无物之象，是谓惚恍⑧。迎之不见其首；随之不见其后。

执古之道，以御今之有⑨。能知古始，是谓道纪⑩。

【今译】

看它看不见，叫做"夷"；听它听不到，叫做"希"；摸它摸不着，叫做"微"。这三者的情况无从推究追问，原本就混然而为一。这个所谓"一"（"道"），它的上面不显得光亮，下面也不显得暗昧，纷绵不息而不可名状，又复归于无形无象的状态。这是没有形状的形状，不见物体的形象，称为"惚恍"。迎着它，看不见它的前头；跟着它，看不见它的背后。

把握着自古存在的"道"，来驾御现实的物相，能够认识原始事物的本原,这就是叫做"道"的纲纪。

【注释】

①夷:《释文》引钟会注:"夷,灭也。"形容无形。 ②希:《释文》:"希,静也。"形容无声。 ③搏:帛书甲乙本均作"捪";捪:抚、摹。微:《小尔雅·广诂》:"微,无也。" ④致:推。诘:问。致诘:推问追究的意思。 ⑤故:"当读为固,本来。"(高亨《老子注译》)混:混然,合而未分。一:这里指"道"。 ⑥皦:明。昧:暗,皦的反义词。 ⑦绳绳兮:河上公注:"绳绳者,动行无穷极也。"形容纷绵不息。 ⑧惚恍:若存若亡、似有似无。 ⑨御:驾御的意思。 ⑩古始:原始、太初。道纪:道的纲纪。

【评述】

本章老子继续对"道"作直述、写状,这被河上公称之为"赞玄章"。

老子于第一章提出"不可言说"的"道"之后,又总感到这"玄之又玄"的"道"似乎还得作些规定,即使"玄之又玄"无法规定,但"道"怎样"玄之又玄"还总得说上几句,于是就有了本章的内容。

为了对"玄之又玄"的"道"说上几句,老子首先用了"夷""希""微"三个字来指"道"不可见、不可闻、不可触;最具识感的视觉、听觉、触觉都无法把握这"道",说明"道"具有超越认识的特征。

老子大概觉得这样还不足以说明"道",又将"道"嵌入时空间论述,认为"道"其上不皦、其下不昧,首尾先后皆不可得。这样,"道"又具有了超越时空的特征。

经过老子对"道"这样的规定,"道体"给人的感觉只能是恍恍惚惚,似无而有、似有还无,绳绳兮而不可名状,于是就出现了在《老子》各篇章中那些论及"道体"的闪烁之辞,使"道"又具有了超越物相的特征。

因为"道"超越所有,所以"道"又能适于一切,由此导致当东郭子问及"道"在何处时,庄子能说出"道"在"天地日月、蝼蚁稊稗、瓦甓屎溺"这样的话(《庄子·知北游》)。这说明社会历史、宇宙自然有着相通之"道",由此印证老子说的"执古之道,以御今之有"这样的话,反过来也有了孔融由曹丕纳袁熙妻为妾,推知"武王伐纣,以妲己赐周公"这样的"以今度古"的事,并有了"不知书"的石勒能在"使人读《汉书》"中"听之皆解其意"的事(《世说新语·识鉴篇》)。这大概就是老子说的"能知古始,是谓道纪"的泛化。

十　五　章

【解题】

本章老子对体道、行道之人作描述。因为上述"道"体精妙玄奥，恍惚难定，所以老子认为体道、行道之人也表现得微妙玄通、深不可识。但又经过老子一系列"豫兮、犹兮、俨兮、涣兮、敦兮、旷兮、混兮"的描述，体道、行道之人也总算被勾画出一个大概来：谨慎、畏惧、恭敬、融和、敦厚、空豁、浑然，并能做到不求盈满，虽敝旧但能更新。

古之善为道者①，微妙玄通，深不可识。夫唯不可识，故强为之容②：豫兮若冬涉川③；犹兮若畏四邻④；俨兮其若客⑤；涣兮其若凌释⑥；敦兮其若朴⑦；旷兮其若谷⑧；混兮其若浊⑨。

孰能浊以静之徐清？孰能安以动之徐生⑩？

保此道者，不欲盈⑪。夫唯不盈，故能蔽而新成⑫。

【今译】

古代善于行道的人，幽微精妙，玄奥通达，高深而难以认识。正因为难以认识，所以也只能勉强来形容他：谨慎迟疑啊，像冬天涉水过河；畏惧顾虑啊，像提防四周围攻；恭敬端凝啊，像作宾客；融和疏脱啊，像河冰消融；敦厚朴素啊，像未经雕琢之木；空豁旷远啊，像深山幽谷；浑然纯厚啊，像一潭浊水。

谁能使浑浊动荡停止下来而慢慢澄清？谁能使安定平静变动起

来而慢慢生长?

遵循此道的人不求盈满,正因为不过分盈满,所以能做到虽敝旧却能更新成功。

【注释】

①"善为道者"的"道",王弼本作"士",这里据帛书乙本改定为"道";是指善行老子之道的人。　②容:形容、形象。　③豫:一种野兽的名称;兽性多疑。"豫兮"引申为迟疑谨慎的意思。冬涉川:冬天涉水过河,怕冷、战栗、小心翼翼,不敢贸然下水。　④犹:与"豫"一样,也指一种野兽;《颜氏家训·书证篇》曰:"犹,兽名也,既闻人声,乃豫缘木,如此上下,故称犹豫。"若畏四邻:进退犹犹如拘制(河上公注),形容不敢贸然行动。　⑤俨:《尔雅·释诂》曰:"俨,敬也。"俨兮:形容态度恭谨端凝。"客":王弼本作"容",这里据河上公本改定。⑥涣:《说文》:"涣,疏散也。"释:《说文》:"释解也。"涣兮其若凌释:河冰消融,顺水下流。　⑦敦:淳厚朴质。朴:《说文》:"朴,木素也。"指未经削砍雕琢的原状木头。　⑧旷:空豁。　⑨浊:水浊、浊水。⑩孰:谁。　⑪盈:满。不欲盈:不求盈满。　⑫而:王弼本作"不",古代篆文"不""而"相近,"不"字可能是"而"字错写(现代任继愈《老子新译》)。蔽而新成:敝旧能更新。

【评述】

此处老子由上一章"道"之本体,说到本章体道、行道之人。这就如现代蒋锡昌《老子校诂》中说的:"上章言道之为物,无状无象,无声无响,此章言有道之人君,亦应无形无名",于是就有了本章开头的这句话:"古之善为道者,微妙玄通,深不可识。"

但尽管"善为道者,微妙玄通,深不可识",老子仍然强为之,要对"善为道者"作疏解、作描述、作形容,如同老子知道"道"体不可言说,却仍要对"玄之又玄"的"道"说上几句一样。又由于老子"无为无执""不敢为天下先"的观念根深蒂固,所以老子对体道、行道人物的描述形容也自然而然受其影响,于是就有了"豫""犹""俨"三个形象特征。对此,清魏源在《老子本义》中解释说:"戒而后动曰豫,其所欲行,迫而后动,不得已也;疑而不行曰犹,其所不欲,迟而难之,如有所畏也;俨若客,不敢肆也。"

这样,"体道""行道"者一副犹豫、戒慎、畏惧的形象在人们脑海油然而生,并由此使人们联想到周王朝小官吏老子本人大概也是如此,终日战战兢兢,时常小心翼翼,处官场如履薄冰、若冬涉川,满肚子的官场显形记欲言又不敢,满肚子的委曲隐晦事想说又难言,很多事欲罢又不能,戒慎畏惧,所以会自然而然想到用一种似猿非猿的"犹豫"来喻说行道之人。

然而,终日畏惧戒慎、防这堵那、张皇陛机、努力强忍,总不是办法,在无法改变特定的社会环境之下,人只能慢慢变化自己,于是"涣兮其若凌释",不知不觉中学会"怀真韬晦"(魏源《老子本义》),反映到本章,就有了"若朴""若谷""若浊"这样的行道之人的风度德量。

这"若朴"即浑厚返本,"若谷"即无所不受,"若浊"即和光同尘。有此三者,"体道""行道"者也算有德、成德;人于社会,生活下去大概不成问题,若再加上"不求盈满",那就更不是单单能生活下去,还能"蔽而新成"。

十 六 章

【解题】

　　本章老子一开始强调主体修养——"致虚极，守静笃"，认为如此能观察到天地万物纷纷纭纭，然后复归其根的整个过程。这种复归其根——等于不变，所以叫做"静"（实际上是老子之"道"的另一种称谓，主体修养——"致虚极，守静笃"也可从中引出）。既然"静"是天地万物的本原，所以又可称为"常"；遵守这"常"的原则，就不会轻举妄动。运用到社会生活，就能包容、大公、周全，使人终身免于危殆。

　　致虚极①，守静笃②。万物并作，吾以观复③。夫物芸芸④，各复归其根⑤。归根曰静，静曰复命⑥。复命曰常⑦，知常曰明⑧。不知常，妄作凶。

　　知常容⑨，容乃公⑩，公乃全⑪，全乃天，天乃道，道乃久，没身不殆。

【今译】

　　"致虚"与"守静"的主体修养工夫，要做到极点和专笃。万物都在生长发展，我从而可以观察其往复循环。万物尽管变化纷纭，最后又恢复到其本原。恢复到本原就叫做"静"，"静"叫做"复命"，"复命"叫做"常"，认识"常"叫做"明"。不认识"常"而轻举妄动就会惹灾祸。

　　认识"常道"才能无所不包容，包容一切才能坦然大公，坦然大公才能无所不周普，无所不周普才能符合天地自然，符合天地自然才能合于"道",体"道"而行才能长久,终身可以免于危险。

【注释】

①虚:心灵空明无欲。极:极度、极点。　②静:无为安静。笃:彻底。　③作:生长活动。复:往复、回复、循环。　④芸芸:草木繁盛纷杂。　⑤根:根本、本原。　⑥归根:回归本原。复命:复归本原赋予的本性。　⑦常:天地万物运动变化中的不变法则(原则)。⑧明:认识、了解事物运动变化中的法则,叫做"明"。　⑨容:包容的意思;河上公注:"无所不包容"。　⑩公:大公、公平。　⑪全:无所不周普(王弼注)。

【评述】

本章老子着重论述他从本体"道论"引申出的主体修养工夫——致虚极,守静笃。

这种"致虚""守静"工夫,如同老子之道怎么样看都行一样,怎样做怎样行。所以"致虚""守静"被医家用过后能养生治病,如明高濂在《遵生八笺》中说到的:"静可以固元气,万病不生,百岁可活。"(《清修妙论笺上》)王文禄也说:"非时时静养之,乌能延生?"(《医先》)而清曹庭栋则说得更详细:"养静为摄生首务……《内经》曰:阴精所奉其人寿,阳精所降其人夭。降者降伏之降。阴不足而受阳制,立见枯竭矣。养静所以养阴,正为动时挥运之用。"(《老老恒言》卷二《燕居》)

同样,"致虚""守静"工夫被道学家用过后,就能大增德操品行,如明代吕坤说道:"躁心、浮气、浅衷、狭量此八字,进德者之大忌也。去此八字只用得一字曰:主静。静则凝重,静中境自是宽阔。"(《呻吟语》卷一《存心》)王塘南在《论学书》中也说到:"静中涵养,勿思前虑后,但澄然若忘,常如游于洪濛未判之初。此乐当自得之,则真机跃如,其进自不能已矣。"(《答刘心蘧》)

道学家还认为"静"可以通神明,增认识,明事理,这就如同水静能照须眉一样。所以明代理学家方孝孺举例说:"余少时尝从诸老生游于市。修衢广巷，车马往来，鼓吹闹耳，珠玉锦绣之肆交陈乎前。余憧憧而行不知其所底。及暮而归……至家而思之，凡触乎目者，漫不能记。而老生方坐而为人言所遇：马几蹄、车几轮、鼓吹几部，道中人语者、歌者为谁，所语何言、所歌何辞，何为道以行，行凡几里，皆识之无所失。余大惊以问，老人曰：子知子之所由，忘乎心之为物，静则明，动则眩。"（《静斋记》）由此吕坤在《呻吟语》中总结说："天地间真滋味，惟静者能尝得出。天地间真机括，惟静者能看得透。天地间真情景，惟静者能题得破。"（《存心》）

而老子于本章直接认定"致虚极，守静笃"能观悟到他的"道"体：芸芸万物最终复归其根——静；这大概就是南宋道士白玉蟾解释的："静定日久，聪是日全，天光内烛，心纯乎道，与道合道。"（《雷霆玉枢宝经集注》）这样，由"道"体引申出的"致虚""守静"工夫，反过来又能观悟到万物向"道"体根本（静）的复归。这里，工夫与本体一致，"虚静"既是"体"又是"用"。

但这"虚静"工夫又是怎样做的呢？按明郑瑄所说：心要养得死灰一般，"任他翻天覆地，打动不得"，这就叫"虚静"工夫（《昨非庵日纂》卷七《颐真》）；或按上述王塘南所说："虚静"工夫就是"勿思前虑后"，"常如游于洪濛未判之初"；或按近人陈鼓应所说：不以心机欲念蔽塞明澈的心灵（《老子注译及评介》）。这样，就能起到养生养性的目的，达到观悟道体的境地，也能做到行为"有常"而不妄作。

有了这"体用"一致的"虚静"之道，《老子》本章后半段接着说：就能"无所不包容"（河上公注）、"无所不周普"（王弼注），合乎天道，于人就能终身免于危殆。

十 七 章

【解题】

本章老子阐述他的社会政治观。老子将时代君主——统治者按等级排列为四等,指出最下等的统治者失信于民众,所以民众不信任顺从他;老子强调的是最上等的统治者:尽管有功于广大民众,但不需要民众一天到晚颂扬他,政府只是一种服务民众的工具,民众丝毫感觉不到权力机构对他们的影响、逼迫。

太上,下知有之①;其次②,亲而誉之;其次,畏之;其次,侮之。信不足焉,有不信焉③。

悠兮其贵言④。功成事遂⑤,百姓皆谓:"我自然。"⑥

【今译】

最好的时代君主(统治者),民众只知道他的存在,仅此而已;次一等的时代君主,民众亲近他并颂扬他;再次一等的时代君主,民众就畏惧他;最次一等的时代君主,民众轻蔑他。君主(统治者)诚信不够,于是民众自然而然不相信他。

悠闲而说话慎重,不轻易发号施令。功成业就,老百姓都说:"我们本来就是如此的。"

【注释】

①太上:指最好的世代君主。下:民众、百姓。之:代词,代人君、统治者。以下三个"之"均作同解。　②其次:等而下之。　③焉:于

是。　④贵言:不轻易说话;可引申为君主、统治者说话慎重,不轻易发号施令。　⑤遂:成。　⑥我:老百姓自称。

【评述】

本章老子集中阐发他的社会政治观。老子将社会统治好坏分为四等,如按时间过程排列就会出现如唐陆希声解释的那样:"太古有德之君,无为无迹,故下民知有之而已;德既下衰,仁义为治,天下被其仁,故亲之,怀其义,故誉之;及仁义不足以治其治,则以刑法为政,故下畏之;及刑法不足以服其意,则以权谲为事,故下侮之。此皆由诚信递降,故渐有不信。"(《道德真经传》)

但这种等而下之的社会统治不仅仅表现在时间发展过程中,它还有可能同时并存在于生于衰世的老子(或庄子)的这个空间世界里——春秋战国时期。

在这里,不管老子的社会政治观就时间过程来说,还是就空间范围来讲,老子所要表达的是一个与他的"道"体一致的社会政治观,即"在上者行不言之教,而及其成功,百姓各遂其性,皆曰我自然而然;则亲誉、畏侮之心不生于世矣"(陆希声《道德真经传》)。然而,老子所看到的、所听到的却是相反的,所以特写下本章内容。

按老子看来,"以权谲为事",必不讲信用,于是民众也必不相信他。对此庄子接老子之余绪具体说道:"知诈渐毒、颉滑坚白、解垢同异之变多",不但导致"俗惑于辩",而且还使"天下每每大乱"(《庄子·胠箧篇》)。这样的社会统治,被老庄认为是最次等的。

比"以权谲为事"稍好些的是"以刑法为政";它是"仁义不足以治"的产物,但老子认为这种为政统治手段只能使民众畏惧,同样是次等的。庄子则更具体地阐发这一思想,认为刑法杀伐、规范严峻就如同对马烧剔刻雒一样,导致结果是"殊死者相枕,桁杨者相推,刑戮者相望"(《庄子·在宥篇》)。这样的社会怎不使人畏惧?而且"刑自此立,后世之乱自此始矣"(《庄子·天地篇》)。

比"以刑法为政"稍好些的是"仁义为治";但这种"仁义为治"是"德既下衰"的产物,所以比起"太上"来说还是次一等的。人们尽管对它亲之、颂之、扬之,感恩戴德,但这恰恰说明它的虚伪性(也表现出人格上的不平等)。所以,相传老子对孔子、士成绮等人的开导,都是要他们退仁义、废礼乐(见《庄子·天道篇》),认为"仁义,先王之蘧庐也,止可以一宿而不可久处"(见《庄子·天运篇》)。而庄子也极力贬斥"仁义为治",说:"有虞氏招仁义以挠天下也,天下莫不奔命于仁义",这不是"以仁义易其性"(《庄子·骈拇篇》)吗?

于是,剩下来的就是最好的"太上"之治了,据《庄子》转引老子的话(也可能是庄子自己的意思)说:"明王之治,功盖天下而似不自己,化贷万物而民弗恃;有莫举名,使物自喜;立乎不测而游于无有者也。"(《庄子·应帝王篇》)庄子进一步解释说:"古之畜天下者,无欲而天下足,无为而万物化,渊静而百姓定"(《庄子·天地篇》),"君子不得已而临莅天下,莫若无为"(《庄子·在宥篇》),"至德之世,不尚贤,不使能;上如标枝,民如野鹿,端正而不知以为义,相爱而不知以为仁,实而不知以为忠,当而不知以为信,蠢动而相使不以为赐。是故行而无迹,事而无传"(《庄子·天地篇》)。所以河上公认定为本章是"淳风章",也被老子自己总结为"功成事遂,百姓皆谓:'我自然'"。

十 八 章

【解题】

本章老子认为社会如是合理的,即大道不废,就不会出现诸如"仁义""智慧""孝慈""忠臣"此类现象;也就是说,社会一旦崇尚仁义道德,这社会也就纯厚不了多少了。在这里,老子表达了一种看似相反、实则相成(仁与道废、伪与智出)的对立统一的辩证思想。

大道废,有仁义;智慧出,有大伪①;六亲不和②,有孝慈;国家昏乱③,有忠臣。

【今译】

大道废弃,才会提倡仁义;智巧出现,才会产生伪诈;家庭不和,才会显出孝慈;国家昏乱,才会奖励忠臣。

【注释】

①智:智巧。伪:伪诈。 ②六亲:王弼注:"六亲,父子兄弟夫妇也。" ③昏:黑暗、昏庸。乱:混乱、动乱。

【评述】

本章老子接上章之余绪继续阐发他的社会政治观——还淳返朴之道。

因为老子强调自然无为,还淳返朴之道,所以本章中出现的"大伪""六亲不和"也必然被视为社会风气习俗差的表现;故河上公称本章"俗薄章"。

社会"俗薄",就会出现父子兄弟夫妇间的纠纷、不和,为了调节家庭的正常功能,于是就有了所谓"孝慈"的提倡。设想家庭和睦、融融乐乐,长老晚幼各得其所,有什么必要表其子孝父慈? 即使为孝为慈也无必要自谓为孝为慈了。

推而广之,这社会对仁义道德的提倡,也同样在于社会"俗薄"。设想社会中人人皆行仁为义,则又有什么必要提倡仁义? 所以当孔子见老子而"语仁义"时,老子直接以鱼宁相忘于江湖而不愿相濡以沫,来喻说社会丧道才倡仁义这个道理(《庄子·天运篇》)。

由此还设想,如无社会历史的昏庸混乱,会有岳飞、文天祥、史可法这样的忠臣产生? 所以老子要说:"国家昏乱,有忠臣。"

再说到原本作为人类进步标志的"智",如所处社会"俗薄",这"智"就有可能以"智巧""智谲"的面貌出现。如唐张鷟的《朝野佥载》就记载古代"孝子"郭纯为了骗取孝廉的名份,治丧期间每次于母亲亡灵之前哭时故意撒饭渣之类于地上,引飞鸟来吃,反复多次形成条件反射,鸟一听到哭声就会争着飞来,由此被人认为郭纯尽孝得连鸟都能够被感动,朝廷由此颁发匾额表彰郭纯的孝心。诸如此类在社会"俗薄"的情况下大量出现,反过来也使社会进一步"俗薄",这些被明冯梦龙记载在《古今谭概·谲知部》中,所以老子会说这样的话:"智慧出,有大伪"。

鉴于这些,老子强调还淳返朴;还淳返朴到"民如野鹿,端正而不知以为义,相爱而不知以为仁,实而不知以为忠,当而不知以为信,蠢动而相使不以为赐"为好。当然,这样的还淳返朴实际是不可能的,但民风古朴却是大家都认可的,并向往之,所以明儒邹元标在《会语》中会说"平旦可见唐虞,村市可观三代,愚民可行古礼,贫穷可认真心"这样的话。

十 九 章

【解题】

本章老子接前章所说的"大道废,有仁义;智慧出,有大伪"现象而提出治理方法,即抛弃"圣智""仁义""巧利",这样人民就能获利,盗贼就能绝无,国家就能大治。而要能够做到这点,老子认为还得有赖于"见素抱朴,少私寡欲"。

绝圣弃智①,民利百倍;绝仁弃义,民复孝慈;绝巧弃利,盗贼无有。此三者以为文②,不足。故令有所属③:见素抱朴④,少私寡欲,绝学无忧⑤。

【今译】

抛弃聪明和智巧,人民才可以得到百倍的利益;抛弃仁和义,人民才可以回复到孝慈的天性;抛弃技巧和私利,盗贼才可以得到灭绝。以上三条(圣智、仁义、巧利)作为文治法度是不足以治理天下的。所以仍须指令人民有所从属:保持质朴,减少私欲,抛弃(圣智礼法的)学问,才能无所忧患。

【注释】

①圣:《说文》:"圣,通也。"此处"圣",有明通的意思。　②此三者:指"圣智""仁义""巧利"。文:文治法度。　③令:命令、指令。属:从属、归属。　④素:不染色的丝。朴:不加工的木。　⑤"绝学无忧":通行本将此句列为二十章首句,此处据高亨之说移于此。绝学:

指弃绝仁义圣智之学(陈鼓应注)。

【评述】

本章老子再续上述二章之余绪,发表他的社会政治观——还淳返朴之道。这种做法大概就是通常说的"一而再,再而三"。

陈鼓应《老子注译及评介》说:"上章是叙说社会的病象。本章是对于社会病象所提出的治方。"(《老子注译及评介》)那么,老子的"治方"是怎样的"治方"? 鉴于"智慧出,有大伪",这里,老子就索性提出绝聪明弃智慧。为了"绝圣弃智",就先得说说开物质利民生的"智"的害处,于是庄子代替老子说明:弓箭鸟网机关的智巧多,这天空的鸟就要被扰乱;钓饵鱼网竹篓的智巧多,这水底的鱼就要被扰乱;木栅兽槛兔网的智巧多,这草泽的野兽就要被扰乱,所以,"上诚好智而无道则天下大乱矣"(《庄子·胠箧篇》)。

于是为了治理天下,就得"绝圣弃智"。但庄子似乎还感到这样没有直捣本体,有似笼统,于是又在《天地篇》中借子贡与灌园者的对话进一步具体化:绝圣弃智首先是绝弃"机心"。因为人存"机心",什么事做不出? 什么机械造不出? 什么人不好算计? 什么盗贼不会产生? 人存"机心",即使用"仁义"治理天下,这"仁"也会被用歪,"义"也会被用邪。真是"人存机心,鸥鸟不下",这天下岂能不乱?

于是为了"机心"不存于胸,灌园者宁愿不用这用力少功效大的"槔"灌园,以防用机械而存机心,于是抱瓮灌园、纯白于胸,使"道"有所载、神有所定。推而广之,为了天下淳朴安定,老子宁愿不要"智"的利处,也要将"智"的害处绝弃,于是就有"绝圣弃智""绝巧弃利"这样的话。而要做到这一切,却又得回到老子的"无为无欲"观——见素抱朴、少私寡欲和必要的绝学(少看些无益的显学),设想人一旦见素抱朴、少私寡欲,这使鸥鸟都不下的"机心"何从生起? "机心"不存,这好智无道而导致的天下大乱又何从生起? 站在这个角度来看,此章被河上公题为"还淳章"是恰当的。

二 十 章

【解题】

本章老子首先指出"唯"与"阿"相差甚微、"善"与"恶"也相差不多。然后老子说到"我"与"众人"的差别：我独泊兮而众人熙熙，我独若遗而众人皆有余，我独昏昏而众人昭昭，我独闷闷而众人察察；但按"唯"与"阿"相差甚微来看，道通为一，万化一途，我与众人又能相差多少？人之所畏，(我)也不可不畏。

唯之与阿①，相去几何？善之与恶②，相去若何？人之所畏，不可不畏。

荒兮，其未央哉③！

众人熙熙④，如享太牢⑤，如春登台⑥。我独泊兮，其未兆⑦；沌沌兮⑧，如婴儿之未孩⑨；儽儽兮，若无所归⑩。众人皆有余，而我独若遗⑪。我愚人之心也哉⑫！俗人昭昭，我独昏昏⑬。俗人察察，我独闷闷⑭。澹兮其若海，飂兮若无止⑮。众人皆有以，而我独顽似鄙⑯。我独异于人，而贵食母⑰。

【今译】

应诺与呵斥，相距多少？善美与恶丑，又相差多少？众人所畏惧的，也不能不畏惧。

广漠开阔啊,一切无边无际!

众人高高兴兴,像参加盛大的筵席,又像登上春和景明的亭台眺望春色,而独有我却恬淡宁静,不炫耀表现自己;浑浑沌沌啊,像还不知嘻笑的婴儿;疲疲闲闲啊,像无家可归。众人都有余剩,唯独我却像不足的样子。我真是愚人的心肠啊!一般人都那么耀光显能,我却这么昏昏昧昧。一般人都那么精明别析,我却这么蒙蒙浊浊。深沉难测啊,像湛深的大海,高风飘逸啊,似无止无境。众人都好像能干有作为,而我却显得愚钝而鄙陋。我和人家不同,吸取大"道"以自养。

【注释】

①唯:诺,指服从听命的语声,其声音低。阿:呵斥的声音,其声音高。 ②善:帛书甲乙本均作"美",二字义相通。 ③荒:广漠开阔。央:《广雅·释诂》:"央,尽也。" ④熙熙:喜乐、高兴;王弼注:"众人迷于美进,惑于荣利,欲进心竞。" ⑤享:帛书甲乙本作"乡",通古字"饗",指吃、食。太牢:古代祭祀社稷时隆重丰盛的具有牛羊猪三牲之肉的筵席。 ⑥如登春台:就像登上春和景明的亭台眺望春色。 ⑦我:此处泛指体道修己之士。泊:恬淡、宁静。兆:显示炫耀征兆、迹象。 ⑧沌沌兮:马叙伦《老子校诂》说:"沌、纯、忳并借为惇。《说文》曰:惇,厚也。忼,重厚也。忼,惇今通作浑沌。此三字当在若婴儿之未咳上,所以形容婴儿浑沌未分,不知咳笑,与儽儽兮对文。"依马叙伦之说移此。 ⑨孩:古文作"咳";《说文》:"咳,小儿笑也。" ⑩儽:同"傫",《广雅·释训》:"傫傫,疲也。"引申为疲倦闲散的意思。 ⑪有余:有剩余。遗:不足。 ⑫愚:老子认为的一种淳朴、浑厚的状态。 ⑬昭:王弼注:"耀其光也。"释德清注:"昭昭,谓智巧现于外也。"昏:昏昧。 ⑭察:清也(《尔雅·释言》);任继愈注:"察察,严苛"(《老子新译》)。闷:浊。 ⑮澹:《说文》:"澹,水摇也";澹兮:深不可测(范应元注)。飂:《说文》:"飂,高风也。" ⑯以:王弼注:"以,用也。"顽:《广雅·释诂》:"顽,钝也。"鄙:鄙陋。 ⑰母:指"道"。食母即吃母亲的饭,吸取大道以自养(高亨《老子注译》)。

【评述】

上章"老子言治国之道",此章"言修己之道"(魏源《老子本义》)。

那么,此章老子的"修己之道"又有些什么特色? 其特色是这里的"修己之道",老子掺入了"相对主义";这即如近人古棣、周英在《老子通》中说的:"这一章还表现了相对主义倾向。"

这种相对主义,庄子有过相当精彩的论述。他说:人睡潮湿处要患腰疾或半身不遂,泥鳅也会这样吗? 人上高树会惊恐,猿猴也会这样吗? 这三种动物的生活习性以谁为正常呢? 人吃肉,鹿吃草,蜈蚣吃小蛇,乌鸦吃老鼠,这四种动物到底谁的口味合标准? 西施与毛嫱,鱼见了就要深入水底,鸟见了就要飞向高空,鹿见了就要骤速奔跑,而人认为是最美的,这四种动物究竟哪一种审美才算是标准的呢(《庄子·齐物论》)? 由此,庄子认为标准难定。再以此推到"仁义之端、是非之途"(善恶、美丑),也是"樊然淆乱",标准难以分别辨知。由这种相对观溯源到《老子》那里,于是可找到老子说的"唯之与阿,相去几何"这样的话。

由于标准难以辨定,所以也就没有真正的稳定性和质的规定性,庄子接下来讲到:细小的草茎与粗大的房柱(莛与楹),传说中的丑人与吴王的美姬(厉与西施),宽大狡诈、奇怪妖异(恢恑憰怪)种种差别,从"道"的观点来看都可通而为一(道通为一)(《庄子·齐物论》)。再由此溯源到《老子》那里,也就可看到老子"唯之与阿,相去几何"的说法。

有了这种相对观,所以老子也不怕将"我"推向社会,并形成这种反差:众人熙熙而我独泊,众人有余而我若遗,世人昭昭而我独昏昏,世人察察而我独闷闷。

而这种反差,按老庄"道通为一"来看,又未必如此强烈。于是唐朝白居易替老庄道家来说明这点,他在《效陶潜体诗十六首》中说到:"南巷有贵人,高盖驷马车。我问何所苦,四十垂白须。答云君不知,位重多忧虞。北里有寒士,瓮牖绳为枢。出扶桑藜杖,入卧蜗牛庐。

散贱无忧患,心安体亦舒。东邻有富翁,藏货遍五都。东京收粟帛,西市鬻金珠。朝营暮计算,昼夜不安居。西舍有贫者,匹妇配匹夫。布裙行赁舂,短褐坐佣书。以此求口食,一饱欣有余。贵贱与贫富,高下虽有殊。忧乐与利害,彼此不相逾。是以达人观,万化同一途。"这样,经掺入相对主义(道通为一、万化一途)的修己之道一分析,这人之昭昭察察("朝营暮计算")比"我"之淳淳闷闷也优不了多少,有时候说不定淳淳闷闷、愚愚钝钝还更要好些,如清朱克敬在《雨窗消意录》甲部卷三中讲到:某翁被"乡人皆怪其蠢然而厚福",而"其福正以其蠢也。此翁……淳淳闷闷,无计较心;悠悠忽忽,无得失心;落落漠漠,无爱憎心;坦坦平平,无偏私心;人或凌侮,无争竞心;人或欺绐,无机械心;人或谤詈,无嗔怒心;人或构害,无报复心",所以终生有福。如此,推及老子的"昏昏闷闷",不正是一种极好的"修己之道"?

二十一章

【解题】

本章老子继续对"道"作直述、写状。老子认为,"道"尽管无形体,人之感官难以察觉,然而确有这个"东西",有它的形象,有它的实物,有它的精质,有它的信验。它产生天地万物。所以落实到社会人生层面,有大德之人都遵循"道"的规律。

孔德之容①,唯"道"是从。

"道"之为物,惟恍惟惚②。惚兮恍兮,其中有象③;恍兮惚兮,其中有物。窈兮冥兮④,其中有精⑤;其精甚真,其中有信⑥。

自古及今,其名不去,以阅众甫⑦。吾何以知众甫之状哉？以此⑧。

【今译】

大德的运作,是以"道"为准绳的。

"道"这个东西,恍恍惚惚无定体。惚惚恍恍之中,却有它的形象;恍恍惚惚之中,却有它的实物;深远暗昧之中,却有它的精质;这精质是非常真实的,那光中有它的征信。

从当今溯到古代,它的名字永远不能废除,依据它可观察万事万物的初始。我是怎样认识知道万事万物的初始情况的？是根据这个——"道"。

【注释】

①孔：大也(河上公注)。孔德：大德。容：动作、运作；如王弼注："动作从道"，似动释容(高亨《老子正诂》)。 ②恍惚：不清楚，似有似无。 ③象：形象。 ④窈：通"幽"，深远的意思。冥：暗昧，深不可测，不清楚。 ⑤精：细微的原质。 ⑥信：征信、信验。 ⑦阅：有认识、观察、检查的意思，如《管子·度地篇》："常以秋岁末之时阅其民。"众甫：王弼注："众甫，物之始也。" ⑧此：指"道"。

【评述】

本章老子继十四章述"道"后又一次对"道"直述、写状。

以上十四章讲到，"道"恍恍惚惚超越感知，无体无形超越物相，弥漫宇宙超越时空；但老子于此认为，"道"尽管窈冥恍惚，却并非空无所有，其中有象、有物、有精。老子一提出，天下之人尽天下之言欲对"象""物""精"诠释注解，但这"象"、这"物"、这"精"到底是什么，还是众说纷纭。老子似乎也知道，于是转而说到"其中有信"，这样就将本体层面的"象""物""精"转到了认识层面的"信"(信验、征信)上；这一转换，也使"道"与"德"联系起来，也即是说"道"之如何在本体层面上的讨论争辩是无意义的，只有落实到社会人生这一层面(领域)才会使"道"得以显示。在这里，"德"是"道"的形式，"道"是"德"的内容，没有"道"就没有"德"的功用，没有"德"也就不能显"道"；所谓"孔德之容，唯'道'是从"就指这意思，所谓"道应"也就在这意义上成立。

那么，这里的"道应"如何表现？"孔德之容，唯'道'是从"怎样体现？在这里本章不可能像《淮南子·道应训》那样将《老子》各篇章一一与社会人生现象对应，因为这里是对"道"的抽象写状，难以用社会人生现象与之对应。正因为这样，本章"孔德之容，唯'道'是从"大概只具方法论意义，它旨在提示人们无论恍惚窈冥，但必须信验"其中有象有物有精"；推衍之，无论何事，哪怕是捕风捉影，宁信其有，不可信其无。由此，归逃乡里的曹操过伯奢家，"闻其食器声"，宁信其要"图己"，遂夜杀数人后曰："宁教我负天下人，休教天下人负我"（"宁我负人，毋人负我"）（《三国志·魏书·武帝纪》注引孙盛《杂记》）；引申开去，便有了胡适的"大胆假设，小心求证"法……诸如此类，大概都得益于《老子》此章的"道"。故此，老子也很得意地说："吾何以知众甫之状哉？以此。"

二 十 二 章

【解题】

本章老子从观察客观世界事物的矛盾对立转化,运用朴素的辩证观点,揭示出"曲则全,枉则直,窪则盈,敝则新,少则得,多则惑"六个客观法则,从而提出抱道的人所用的"不自见,不自是,不自伐,不自矜,不争"是符合老子一贯柔弱、退让原则的,也是可以使天下人不能够与之相争的。最后老子又强调"曲则全"等六条法则都是天地自然之道,并非虚妄。

曲则全,枉则直,窪则盈,敝则新,少则得,多则惑①。

是以圣人抱一为天下式②。不自见③,故明;不自是,故彰④;不自伐⑤,故有功;不自矜⑥,故长。

夫唯不争,故天下莫能与之争。古之所谓"曲则全"者,岂虚言哉? 诚全而归之。

【今译】

委曲反能保全,屈就反能伸直,低注反能盈满,敝旧反能更新,少取反能多得,多贪反能迷惑。

因此有道之人信奉此等原则作为天下事理的模式。不自我表现,反能显明;不自以为是,反能昭彰;不自我夸耀,反能见功;不矜持傲物,反能长久。

正因为与世无争,所以天下也没有人和他相争。古人所谓"委屈反能保全"这类的话,岂是空话? 它实实在在存在并能真有成效。

【注释】

　　①枉:弯曲、屈就。窪:低凹、低洼。惑:迷惑。　②一:指"道"。抱一:指守"道"。式:范式、模式。　③自见:自现、自炫、自显于众。④彰:昭彰、显著。　⑤伐:夸耀。　⑥矜:骄满、傲物。

【评述】

本章老子又一次以天道喻人道,以物理通事理。

在这里,老子提出的物理是:曲全、枉正、窪盈、敝新,这照近人徐梵澄解释:"'曲则全'者,循环之谓也。引一直线可至于无穷,不得谓之全,必此一线圆曲以还于起点,斯可谓之全线。'枉则正'者,规矩之谓也。譬如射,邪必正之,正则中的,邪则不可以中。'窪则盈'者,虚受之谓也。池深而注水,则可满。'敝则新'者,改革之谓也。衣敝则改为,政敝则革新。"(《老子臆解》)由此老子表达了一个思想,即任何事物必然要走向自己的反面,这就如老子在五十八章中说的那样:"祸兮,福之所倚;福兮,祸之所伏。"

由物理通事理:既然"曲则全"、"枉则直"(正)、"窪则盈"、"敝则新"、"少则得",那么反过来,人也没有必要过分追逐"全"、"直"(正)、"盈"、"新"、"得",因为"全则曲"、"直则枉"、"盈则窪"、"新则敝"、"得则少"。也正因为这样,所以老子认为圣人就要知道这一道理;这道理按现代解释就是:"事物常在对待关系中产生,我们必须对于事物的两端都能加以彻察。我们必须从正面去透视负面的意义,对于负面意义的把握,更能显现出正面的内涵。所谓正面与负面,并不是两种截然不同的东西,它们经常是一种依存的关系,甚至于经常是浮面与根底的关系。"(现代陈鼓应《老子注译及评介》)这些大概就是现代人说的辩证方法。

以物理通事理,老子认为诸如"曲则全"等并非虚言,它确有功效,用现代语来说,辩证法并非是抽象的而是具体的。这种功效按《庄子·天下篇》所说:"人皆求福,己独曲全。曰:'苟免于咎。'"于是就有近人南怀瑾先生在《老子他说》中将社会历史事件与之对应,述说这"曲则全"等项原则的有效性,这在《淮南子》中被称为"道应"。

老子似乎还不满足于这些,他还作进一步思考,那就是,既然事物的正面、负面均会互相转化,那么何不在这当中保持均衡,"抱一"而"不二";因为没有对立面("不二"),也就无所谓对立面的转化,也就不会走向事物的反面,所以老子在此章提出:"是以圣人抱一为天下式。"这"一"就是"道"。而这"抱一"("道")具体讲来就是"不争";这"不争"就在于"不自见""不自是""不自伐""不自矜"。人不争"全、盈、新、得",也就不会有"曲、窪、敝、少",反过来,没有"曲、窪、敝、少",也就不会有"全、盈、新、得",这样就能驾乎之上,立于不败之地,也就能相安无事,太太平平,这就是《老子》本章的真实内涵。

二 十 三 章

【解题】

本章老子以暴风(雨)喻暴政:既然狂风暴雨不能终朝终日,那么,王侯们的暴政也不能长久;并以自然况人事,说明人的非常行为也不能长久。由此,人就不能违背自然之"道",只有效法自然之"道"、自然之"德"、自然之"天",万事万物万民才能各得其所,各得其养,各得其生;只有同于"道"与"德","道"与"德"亦乐得之。

希言自然①。

故飘风不终朝②,骤雨不终日③。孰为此者? 天地。天地尚不能久④,而况于人乎? 故从事于"道"者,同于"道";"德"者,同于"德";失者,同于失⑤。同于"道"者,"道"亦乐得之;同于"德"者,"德"亦乐得之;同于失者,失亦乐得之。

信不足焉,有不信焉⑥。

【今译】

不言之教是合乎自然的。

狂风刮不了一个早晨,暴雨下不了一个整天。是谁使它这样的? 是天地。天地的狂风暴雨都不能持久,何况人呢? 所以从事于"道"的,就同于道;从事于"德"的,就同于"德";从事于失的,就同于失。同于"道"的人,"道"也乐于得到他;同于"德"的人,"德"也乐于得到他;同于失的人,失也乐于得到他。

诚信不足,就会有不信任的事情发生。

【注释】

①希:稀。希言:指少说话,"与二章'行不言之教'的'不言',意义相同"(陈鼓应注)。 ②飘风:狂风,"以喻暴政之号令天下,宪令法禁是也"(王淮《老子探义》)。 ③骤雨:暴雨,"以喻暴政之鞭策百姓,赋税劳役是也"(王淮《老子探义》)。 ④天地尚不能久:指天地所为的飘风骤雨尚不能久,并不是指天地本身不能久。 ⑤"从事于'道'者,同于'道';'德者',同于'德';失者,同于失"的后二句,均承上句省"从事于"三字。"'失'当作'天',形似而误。道是宇宙的本体。德是道的性能。天是自然。从事于自然者,同于自然。"(高亨《老子注译》)⑥信不足焉,有不信焉:(人)诚信不足,就会有不信任的事情发生;与十七章中的"信不足焉,有不信焉"的意思一样。

【评述】

本章老子更为典型地以天道喻人道,以自然况人事:既然天地所为的飘风骤雨不能终朝终日,无法长久,那么人之非常行为乃至政治暴戾都将无法持续长久。

在这里,老子这种以天道喻人道、以自然况人事的做法具体拆开来分析,就是一种借助天地自然万物,并从中引申出人文精神(含义)的做法。这种做法不仅仅为老子所特有,孔子也有过,如孔子为了避免杀贤大夫铎鸣的赵简子有可能杀他而不去晋国,并借助天地万物从中引申出含义来开脱自我:"刳胎焚林则麒麟不臻,覆巢破卵则凤凰不翔,竭泽而渔则龟龙不见;鸟兽之于不仁犹知避之,况(孔)丘乎?"(《三国志·魏书·刘廙传》注引刘向《新序》)。

那么,作为智者的老子和作为圣贤的孔子为何会有这种表现(方法)呢? 这与传统学说认为人学贤人、贤学圣人、圣人学天有关;因为常人可以圣贤作为自己行为的参照系、坐标,而圣贤(上智)不可下移,是不可能以常人的行为作为自己行为的准则,于是只能"学天",参照天地万物作为自己的行为准则,这样就有上述这种表现(方法)。这也就是西汉董仲舒说的"圣人学天",也即是老子说的"从事于道"。

由圣人学天,所以也就导致历史上的天人感应乃至谶纬事情;也就有了中国士大夫们的一种独特的修养心性学问的套路:如见鱼儿群聚依恋却无半点倾轧,牛羊出入形影相依、鸣叫相应,虽有间隔却又浑融一体,而引申出人也应有如此的"恕道"……也由于圣人"学天",所以会有孔子上述的这种开脱法,更有了老子以"飘风不终朝骤雨不终日"而喻暴政不长久。也因为是"学天",即自身对天地自然万物的观察、理解和领悟,无须旁人用语言对他开导启发,所以这实际上也叫"不言之教""无言之教"。基于此,老子强调"希言""不言",落实到社会政治,即反对教令政令多施。

因为要"学天"(从事于"道"),也为了从中能引申出自然(无为)正常的、符合物之本性的含义,《老子》本章接下来强调的是:从事于"道"者同于"道",从事于"德"者同于"德"。这同于"道"和"德",大致说来是,人应与对象同为一体,只有呼吸与天地自然相运通,气脉与寒暑昼夜相运旋,才能知物感物;这就如养鸟,不可以己养鸟,只有以鸟养鸟,鸟才活一样。只有以物观物,观物时不得窜入"我",才能从中引申出自然正常的含义;这也就如苏轼所说,画家只有在飞禽处"无人态"下,才能得飞禽之真韵一样。所以老子认为只有到了这种状态(同于"道"者、同于"德"者),"道"亦乐得之,"德"亦乐得之,事物才会呈现本体真元,"鸟兽禽鱼自来亲人"(《世说新语·言语篇》),人才有可能在事物本体真元之中得出本体真元之认识。这就是老子强调同于"道"与"德"的真实含义。

由"无人态",不得窜入"我",老子必然引申出自然无为、治政无为的主张,一切有为、人为事即可休,一切暴虐、乖戾行即归无的看法。

二 十 四 章

【解题】

本章老子借"企者不立""跨者不行",来喻说凡有"自见""自是""自伐""自矜"表现的人,都会像"企者不立、跨者不行"一样短暂而不可持久;而且这些表现也都违反自然本性,如同剩饭赘瘤令人讨厌,所以老子认为"有道者"是不会有这等表现的。

企者不立①;跨者不行②。自见者不明;自是者不彰;自伐者无功;自矜者不长③。

其在道也,曰:余饭赘行④。物或恶之,故有道者不处。

【今译】

凡是脚跟不着地,只是踮起脚跟,希望出人头地的人,反而站立不牢;凡是跨着大步,想要快过别人的人,反而走不远。因此,自我表现的,反而不得显明;自以为是的,反而不得昭彰;自我夸耀的,反而不得显功;自我骄矜的,反而不得长久。

以上这些行为表现,从"道"的观点来看,如同剩饭残羹、赘疣畸形,使人讨厌;所以,有道之人决不以此自居。

【注释】

①企:踮起脚跟,脚跟不着地。企者不立:比喻违反自然条件,希望高过别人的人反不能长久。 ②跨:跃、跨,张开二腿,跨越而行。跨者不行:比喻违反自然条件,追求快过别人的人反不能长久。

③"自见者不明;自是者不彰;自伐者无功;自矜者不长"与二十二章相近。　④余饭赘行:剩饭赘疣(瘤)。"行",元吴澄说:"或曰'行'读如'形',古字通用"(《道德真经注》)。

【评述】

上章老子言"飘风骤雨"不终朝不终日,本章老子言非自然的"企者""跨者"同样不能持久;反过来说,非自然的"自见""自是""自伐""自矜"也必像"飘风骤雨""企者跨者"一样短暂而不能长久。所以本章老子反对人的自炫骄矜。

在这里,"企者""跨者"无非是要想高过别人、快过他人。为了出人头地,于是就有了老子说的自我表现的行为;而等到真比别人高出一头,领先一步时,也就有了自以为是、自我炫耀的行为,再下去可能就有"骄矜"的行为,如黩武者矜其国富兵强,颐指者矜其权势显赫……而到了"自矜"这一阶段,已不可能有老子所说的"守柔""善下"了,有的只是"好争""霸道"……

而一旦到了"自矜"之时,这实际上也就蕴育了危机,尤如"矜善游者恒溺,矜善骑者恒坠"一样。正因为这样,老子之"道"强调"去矜""戒矜"(见王力《老子研究》第五章《道用》第三节《戒矜》),认为诸如"自见""自是""自伐""自矜"如"余饭赘行"(形)是一种病态的行(形)为和心理,不符合自然之道,并认为有道者是不会以此自居的。反过来也说明,"道用"者——凡能建大业者也必不会"自矜""自伐""自是""自见"的。

正因为如此,身居高位的曾国藩"不敢涉一毫矜张之念"(《家书》同治三年正月二十三日《致沅弟》)。由不"自矜"也必不自我炫耀、自我表现,所以曾国藩强调"不必占天下之第一美名"(《家书》同治三年五月十六日《致沅弟》)。

而有道者"去矜""戒矜",还能做到"凡其所行事,不知其为己事也;其所成功,不知其为己功也。顺自然之势,行乎其不得不行;及其成功,亦自然之势所至,敢自以为功哉"(王力《老子研究》第五章《道用》第三节《戒矜》)。这样,也就达到了"为而不恃,长而不宰"这种"玄德"的境界。故此章与《老子》其他章节互相发明,互述"道""德"。

二 十 五 章

【解题】

本章为老子"道"论。老子称"道"广大无边,先天地万物而存在,萧寥独立,运行不息。老子又言"道"无形无体,超乎人之视听感觉之外;"道"又与天、地、人"三才"相参为"域中"(宇宙)"四大"。这"四大"中,"道"为首,并为人崇效。

有物混成①,先天地生。寂兮寥兮②,独立而不改③,周行而不殆④,可以为天地母⑤。吾不知其名,强字之曰"道"⑥,强为之名曰"大"⑦。大曰逝⑧,逝曰远⑨,远曰反⑩。

故"道"大,天大,地大,人亦大⑪。域中有四大⑫,而人居其一焉。

人法地,地法天,天法"道","道"法自然⑬。

【今译】

有个混然一体的东西,先于天地而存在。无声又无形,它不依附任何东西而独立存在,循环运行而永不衰竭,可以为天地万物的根源。我不知道它的名字,勉强把它叫做"道",再勉强给它起个名字叫做"大"。它遍无不在而运行不息,运行不息而弥漫远到,弥漫远到而返回自体。

所以说,"道"大,天大,地大,人也大。宇宙间有四大,而人居其一。

人效法地,地效法天,天效法"道","道"崇效自然。

【注释】

①物:指"道"这个东西,与二十一章"道之为物"的"物"意思相同。混:混然、混融。混成:混然一体。 ②寂:没有声音。寥:没有形体。寂兮寥兮:河上公曰:"寂者无音声,寥者空无形。" ③独立而不改:"独立者,无匹双;不改者,化有常"(河上公注),指"道"的绝对性与常存性。 ④周行:王弼注:"周行,无所不至",指"道"无所不至而循环运行。不殆:不息、不竭。 ⑤天地:通行本作"天下",帛书甲乙本均作"天地",今据改。 ⑥强字之曰道:通行本和帛书甲乙本作"字之曰道",无"强"字,现据傅奕本补上,以完整老子哲理诗之美。强:勉强。 ⑦大:指"道"无所不包,遍无不在。 ⑧逝:指"道"的运行不息。"曰逝""曰远""曰反"的"曰"可作"而""则""就"解。 ⑨远:无边无际、弥漫远到。 ⑩反:返归本源、返回原状、返回自体,有循环往复之意。 ⑪"人亦大"的"人"与"而人居其一焉"的"人",王弼本均作"王",但王弼却又按"人"字来注解,如说:"王是人之主也",故可证明这里"王"字可改"人"字;而傅奕本"王"作"人"字,据此改"王"为"人"字。 ⑫域中:指宇宙、世界。 ⑬法:这里作动词,有效法、学习的意思(现代南怀瑾《老子他说》)。自然:自然如此,自然而然,当然如此。

【评述】

本章老子继一章、四章、十四章、二十一章后,再对"道"作直述、写状。

由上述二十一章"道之为物,惟恍惟惚"到本章,老子进一步规定"道"为:"有物混成"。这"混成",按唐代释道宣《续高僧传》第三卷《慧净传》说来是"为体一故混",又按徐梵澄《老子臆解》解释是:"混成,谓涌流长在者,即源源不断而生。"正因为有这种浑融一体之"道"的状态,所以陈鼓应《老子注译及评介》是这样解释的:"有物混成,这说明'道'是浑朴状态的,'道'并不是不同分子或各个部位组合而成的。"也因为"道"之混成"涌流长在""源源不断而生",所以"道"又"是个圆满自足的和谐体,对于现象界的杂、多而言,它是无限的完满,无限的整全"。

又因为"道"是个"圆满自足的和谐体",所以"道"是不依赖于外界任何东西的,故老子称它是"独立而不改",陈鼓应先生解释说:"道是个绝对体,它绝对对待;现象界的一切事物都是相对待,而'道'则是独一无二的,所以说'独立不改'。"(《老子注译及评介》)又因为"道"涌流长在、源源不断而生,所以"道"又是"个变体,周流不息地运转着,但它本身不会随着运转变动而消失"(同上),这在老子这里称为"周行而不殆"。

由上述十四章讲到"道"超乎人之视听触觉之上,所以老子本章又用这"寂兮寥兮"来形容"道"。也因为这样,所以想在"道"名之外再给"道"命名是困难的。然而,人非要对这超乎名相感觉,无名、无言、无法直说的"道"命名,也只能是勉强为之,也只能名"道"为"大"(无所不包)。这就是老子说的:"强为之名曰'大'"。"'道'是无声无形的(寂兮寥兮)。王弼说得好:'名以定形,混成无形,不可得而定。'事实上是不该立名的,如今勉强给它立个名,只是权宜之计,为了一时的方便。"(陈鼓应《老子注译及评介》)

接下老子对"道"体的运行规律作直述。这运行规律按老子说是"曰逝""曰远""曰反",用现代语解释:"道是循环运行的。它的运动终将返回到原点(反),这个原点即是一切事物的根源处。"(同上)这样,"道"的运作规律似乎就像"道"之本。所以在老子那里,"道"既是本体,又是规律("道"),"道"既是"体"又是"用",这"道"一身而数任。所以,要想十分清楚地、像西方哲人那样分析梳理"道"是不易的,也因此引起对"道"的无数猜测、争论。

"道"一身而数任,所以老子接下来由"道"体讲到"道"用,即人之用道。人如何用"道"?老子提出"人法地,地法天,天法道,道法自然",这种顶针续麻似的概念递相外延,无非是要人"效法地,效法天,

效法道,就是效法自然"(现代高亨《老子注译》)。这"效法自然"就是
效法自然而然,自然如此,当然如此,顺其自然,无为而治。

在这里,老子提出人效法地,效法天,效法道,效法自然也如上述
二十三章那样,以自然况人事,借助天地并引申出人文含义,即"法
地",取地之无私载,"法天",取天之无私覆,"法道",取其无所不包,
"法自然",取其自然而然。"法自然"中还可"法水",取"水"弱(柔)善
胜之义。诸如此类,大概就是《易》"仰则观象于天,俯则观法于地"的
另一种表述方法。

二十六章

【解题】

本章老子列出轻与重、静与动(躁)两对矛盾,发表了对这两对矛盾的看法,认为轻与重对立,重是矛盾的主要方面,躁与静对立,静是矛盾的主要方面。并由此喻人道,老子要社会人生日用戒轻戒躁,以免招致祸灾。

重为轻根,静为躁君①。

是以君子终日行不离辎重②。虽有荣观③,燕处超然④。奈何万乘之主⑤,而以身轻天下⑥?

轻则失根,躁则失君⑦。

【今译】

厚重是轻率的根基,清静是躁动的主宰。

因此君子终日行走,不离开载着衣物粮秣的车辆。虽有荣华生活,却仍然安居泰然超乎物外。为什么身为大国的君主,还轻率躁动以临天下呢?

轻率就会丧失根基,躁动就会丧失主宰。

【注释】

①躁:帛书甲乙本作"趮",《管子·心术》说:"趮者,不静。""躁"与"趮"义同,指"急躁""躁动"。君:主宰。　②辎重:古代军中载军需

物资(衣粮军械)的车。　③观:读作"官";"官"即古"馆"字。荣观:荣华、繁华的生活。　④燕处:指安居;宋林希逸注:"燕,安也;处,居也。"(《老子口义》)超然:指不陷在里面,超乎物外。　⑤万乘之主:古代大国发动战争时可以动用万部战车,一部车叫做一乘;"万乘之主"即喻指大国的国君。　⑥以身轻天下:轻率躁动以临天下;苏辙说:"人主以身任天下,而轻其身则不足以任天下矣。"(《老子解》)　⑦根:王弼本作"本",《永乐大典》本作"根"。根据上文,作"根"是,当改"本"为"根",以便与前句相应(采俞樾说)。轻则失根,躁则失君:"言人君纵欲自轻则失治身之根;急功好事则失为君之道也。"(现代蒋锡昌《老子校诂》)

【评述】

本章老子从"重轻""静躁"相对到偏向"重静",并将此推向人生日用——"道"用,要人们像圣人一样"终日行而不离辎重",重静而戒轻躁。

对于老子从"重轻""静躁"相对,引出"道"用——"重静"的思想,南怀瑾《老子他说》评价说:"重和轻、静和躁都是相对两种现象。重和轻是物理现象的相对。静和躁是生态现象的相对。但从原文文字上看来,老子侧重'重'和'静'的重要,只偏向一头,而舍置它相互影响的关系。"任继愈《老子新译》说:"《老子》举出轻和重、静和动(躁)两对矛盾,发表了对这两对矛盾的看法。认为轻与重对立,重是矛盾的主要方面;躁与静对立,静是矛盾的主要方面。这可以看出老子的辩证法是不彻底的。动与静的矛盾,应当把动看成是绝对的,起决定作用的,是矛盾的主要方面。老子虽然也接触到动静的关系,但他把矛盾的主要方面弄颠倒了,也就是把事物的性质弄颠倒了。因此,他把静看作起主要作用的方面。所以老子的辩证法是消极的,是不彻底的,有形而上学因素。"

对任继愈先生对老子的批评,有人又作反批评,如张松如《老子说解》中说道:"如果不论什么情况,不看时间、地点、条件,总是把动看做矛盾的主要方面,把静看做矛盾的次要方面,这也就不免沾染某种形而上学因素,我们是不应该用形而上学的方法来批判老子的形而上学的观点的。"这说明,在一定时空、条件下强调"重静"是不错的;"这一定时空条件"就是指社会领域的人生日用,所以南怀瑾《老子他说》又说:重(厚沉)静"专从人生日用的道用上立论了,虽然是偏向一面倒的理念,但是可以强调地说它没有错"。

正因为"重静"于人生日用的道用上立论,有用没错,所以曾国藩就强调"重厚",他在《谕纪泽》中说道:"余尝细观星冈公仪表绝人,全在一重字。余行路容止亦颇重厚,盖取法于星冈公。尔之容止甚轻,是一大弊病,以后宜时时留心。无论行坐,均须重厚。"(《家书》咸丰九年十月十四日)也因为强调"重厚",所以老子以此喻说:"君子终日行而不离辎重"。

由"重厚"也必定"恒静",所以王力《老子研究》第四章《道动》第六节《主静》中说到:"重者恒静,轻者恒躁;重静相关而轻躁互为表里,是以贵静亦贵重,戒躁亦戒轻。"由此,韩非子又在《喻老》之同时,将此引申,为君主侯王提供"南面之术",这就是"制在己曰重,不离其位曰静","无势之谓轻,离位之谓躁",并以主父赵武灵王为例说明"轻则失根,躁则失君":赵武灵王身体尚健时,即传国于其次子何为惠文王,并自己带兵"略胡地而欲从云中九原直南袭秦",于惠文王三年取得"灭中山"的军事胜利;这时赵武灵王又怜其长子章,"乃欲分赵而王章于代,计未必决而辍",结果引起内乱,公子成、李兑起兵杀了公子章,并把主父赵武灵王围困三个月,使赵武灵王活活饿死(《史记·赵世家》)。这就是韩非子《喻老》中所谓的"生幽而死"和所谓的"轻则失根,躁则失君",即指君主侯王一旦失去国家机器和权势,离开君位去做臣下所做的事,就可能被逐被弑。

而这种君主侯王脱离君位、失去权势被逐被弑的事大概在春秋时代屡见不鲜,所以老子会发出"奈何万乘之主而以身轻天下"的叹息,并由此会在三十六章说"国之利器不可以示人"这样的话,来喻说一国之主不可轻浮躁动,一人立身行事也同样不可草率轻躁,而要"重静"。也因为如此,所以老子在本章首句强调:"重为轻根,静为躁君。"这就是《老子》本章之旨意。

二 十 七 章

【解题】

本章老子以善行、善言、善数、善闭、善结,喻说有道之人轻有形有为,贵无形无为。以此救人、救物,使天下无不救之人,无可弃之物;以此善待天下善人不善人,使之相反相成,以达到幽深精妙的境地。

善行无辙迹①;善言无瑕谪②;善数不用筹策③;善闭无关楗而不可开④;善结无绳约而不可解⑤。

是以圣人常善救人,故无弃人;常善救物,故无弃物。是谓袭明⑥。

故善人者,不善人之师;不善人者,善人之资⑦。不贵其师,不爱其资,虽智大迷,是谓要妙⑧。

【今译】

善于行路的,不留痕迹;善于言谈的,无可指谪;善于计算的,不用筹码;善于关闭的,不用门闩却使人无法打开;善于捆缚的,不用绳索却使人无法解开。

因此,有道之人善于挽救人,所以没有无用的人;有道之人善于挽救物,所以没有废弃的物。这叫做含藏着的聪明智慧。

所以善人可以是不善人的教师,不善人可以是善人的借鉴。(若)不尊重他的教师,不珍惜他的借鉴,虽然自以为聪明,其实是糊涂。这就是幽深而精妙的道理。

【注释】

①辙迹:古代车辆在泥土地上行走,车轮辗过后留下的痕迹。②瑕谪:缺点、过失、疵病。　③数:计算。筹策:古代计算物数时所用的竹片叫筹策,相当于现在所谓的"筹码"。　④关楗:《说文》:"关,以木横持门户也。楗,距(拒)门也。"关楗即门闩;楗:通"键"。　⑤约:也作绳解。绳约:用绳束(缚)物。　⑥袭:承袭;有不露、掩蔽、含藏的意思。明:聪明;指一种与"道"相符的智慧。　⑦资:资取、借鉴。⑧要妙:幽深而精妙;河上公曰:"能通此意是谓知微妙要道也。"

【评述】

本章是老子对"无为"思想的又一种表述。

此章开头的"善行""善言""善数""善闭""善结",总被人认为是一种"君人南面之术"(《汉书·艺文志》),是一种"权术"。如任继愈《老子新译》中说到:"这一章上半部分讲'无为而治'的一些权术"。而古棣、周英在《老子校诂》中讲得更明确,认为"善行""善言""善数""善闭""善结"是比喻讲"君人南面之术","其总的精神是:聪明的统治者说话做事要不留形迹,不被人抓住辫子";还将"善言""善数""善闭""善结"解释为:"善言,就是抽象、模棱、两可,以便异日或将来任意解释,左右逢源","善数,用来比喻统治者做事不着形迹","善闭,是喻统治者做事要善于关闭而不可开启,意谓不让人窥测底细","善结,用打结束物以喻统治者做事要不留痕迹,谁也不可能推翻";并认为如不将"善行""善言"等"看做用以隐约地讲述'君人南面之术',讲述'权术'的根本原则","就成了不可理解的东西"。

然而,《老子》语具多义性,所谓不将"善行""善言"等看做"君人南面之术"就不可理解也只是具一定境界的校诂者对这"一语"中的"一要义"的发挥和理解,并非是老子这"一语"的全部要义的发挥和理解。实际上,老子用这"五善"是想确立一种"要妙"、一种"精神",即世界上的很多事情(物)是无法(也无必要)一定作如此对应、如此确定的,这就如车轮与辙、筹策与数、关楗与门、绳约与结并非一定如此对应、如此确定一样；世界上的很多事情（物）也并非是刻意追求、有意作为所能做到的，刻意追求、有意作为大概只能"追求"到事物的一方面，"作为"成事物的一部分，"无为"反能"无不为"。正因为这样，所以老子在"无为"思想的基础上，认为具有上述这种"要妙""精神"的人就能做到："善行无辙迹；善言无瑕谪；善数不用筹策；善闭而无关楗；善结无绳约而不可解"，这就像下围棋一样，所下的每步棋，并非一定要在下子时即在这个空间确定地位、即在这个时间立见成效，他所取的是大势，他所用的是大用，他不求简单的因果关系，他不求线性的一因一果、一轮一辙、一门一闩、一绳一结……

正因为这样（非线性、非一一对应），所以具有这种"要妙""精神"的先秦孟尝君不因盗狗之士、捕鼠之人、鸡鸣之客而弃之不养，他是无所不容、无所不包、无所不养；他养士不求立即回报而广大悉备，他知道说不定哪天会派上这些人的用处而随时成务，果真时值过关，恰用鸡鸣之客。这大概就是上述"要妙""精神"的具体运用。在这种"要妙""精神"作用下，天下大概是"无不救之人，无可弃之人"的，天下人才大概是"无所不有、无奇不有"的；而这种"无不救之人，无可弃之人"，照清魏源说来还会因"善行无辙迹"而"潜移默运，销之于未然，转之于不觉，救人而无救人之迹"（《老子本义》）。由此，老子将这称之为"五善"下的"六善"——"常善救人"。

也正因为这样（非线性、非一一对应），所以具有这种"要妙""精神"的魏晋陶侃不因竹根、木屑"无用"而弃之，在陶侃眼里，竹根、木屑皆为家什，这些"家什"说不定哪天会派上用场，果真恰逢雪后放晴，这木屑就被铺于地上而防行走打滑，恰逢组装船只，这竹根就被制成竹钉而用于造船。这大概也是上述"要妙""精神"的具体运用。在这种"要妙""精神"作用下，这天下大概是"无物可弃"、物尽其用的。故此，老子又把这称之为"五善"下的"七善"——"常善救物"。

而这种"常善救人"和"常善救物"，按魏源说来又是"真圣人袭明之妙用",这"妙用",相当于"道体"(要妙、精神)下的"道用"。

　　由上述"要妙""精神"而衍推,《老子》本章最后认定,善为师、恶为资的关系也并非能作如此简单地看待,如效仿上述"常善救人",其中的关系不也是相当"精妙"的吗? 这大概就是《老子》本章最后想要蕴喻的。

二十八章

【解题】

本章老子从雄雌、白黑、荣辱相对中,取雌、取辱,以柔忍退让、卑弱谦下的态度对待人生。

知其雄①,守其雌,为天下谿②。为天下谿,常德不离③,复归于婴儿。知其白,守其黑,为天下式④。为天下式常德不忒⑤,复归于无极。知其荣⑥,守其辱,为天下谷⑦。为天下谷,常德乃足,复归于朴⑧。

朴散则为器⑨,圣人用之⑩,则为官长⑪,故大制不割⑫。

【今译】

虽然深知什么是雄强,却安守雌柔,甘愿作天下的沟溪。甘愿作天下的沟溪,与永恒的德性不相离失,回复到单纯天真婴儿的状态。虽然深知什么是洁白,却安守昏黑,甘愿作天下的模式。甘愿作天下的模式,与永恒的德性不相差失,回复到不可穷极的真理。虽然深知什么是荣乐,却安守卑辱,甘愿作天下的川谷。甘愿作天下的川谷,永恒的德性才可以充足,回复到原始本初的质朴。

原始本初的质朴解体,只能成为诸般器具。圣人利用它们,则成为百官的官长,所以用大道治制天下无所伤害。

【注释】

①其:本章六个"其"字,均指明白深知这道理的人——其"雄雌""白黑""荣辱"。　②谿:沟溪、水沟;喻指处卑下地位。　③常:帛书甲乙本均作"恒"。常德:人的德性。　④式:模式、楷式。　⑤忒:差失、差错。　⑥"守其黑,为天下式。为天下式,常德不忒,复归于无极。知其荣"这二十三字,有人疑"后人所加"(见高亨《老子正诂》、易顺鼎《读老札记》和马叙伦《老子校诂》),本处仍按王弼本、河上公本保留这二十三字。　⑦谷:山谷、川谷;比喻人心谦虚。　⑧朴:《说文》:"朴,木素也",即未加工的树木;老子有时用"朴"表示"道"。⑨器:器具、器物,河上公注:"器,物也。"　⑩之:指"朴"。　⑪官长:百官的首长、官长。　⑫制:治制、宰制、管理。

【评述】

如同"火水"相对,老子宁取"水"一样,本章老子将"雄雌""荣辱"相对,宁取"雌"、取"辱"。

老子这种取"雌"做法,被他自己看来是在知"雄"后得出的,对此后人(如李嘉谟)解释是:知"雄动而倡,雌静而处,动必归静,故为天下谿",故取"雌"(引自魏源《老子本义》)。又如陈鼓应解释说:"知雄守雌:在雄雌的对待中,对于'雄'的一面有透彻的了解,而后处于'雌'的一方。'守雌'的'守',自然不是退缩或回避,而是含有主宰性在里面,它不仅执持'雌'的一面,也可以运用'雄'的一方。因而,'知雄守雌'实为居于最恰切妥当的地方而对于全面境况的掌握。严复说:'今之用老者,只知有后一句,不知其命脉在前一句也。'这话说得很对,老子不仅'守雌',而且'知雄'。'守雌'含有持静、处后、守柔的意思,同时也含有内收、凝欸、含藏的意义。"(《老子注译及评介》)

老子这种取"雌"、守"雌"的做法,又被李约瑟看成是一种"阴性象征",即是与儒法阳性、进取、强硬相反的"阴性、宽容、柔顺、忍耐、退让、神秘和承受"(《中国科学技术史》第二卷《科学思想史·道家与道家思想》)。所以,此章也通常被视为强调"柔忍退让,卑弱谦下"处世的典型。

因为以守"雌"、卑弱退让为处世原则,所以魏晋名士刘伶与人相牾,当人攘袂而起时,刘伶却以一句卑弱退让的"鸡肋岂足以当尊拳"话来消解这场相牾(《世说新语·文学篇》注引《竹林七贤论》)。

也因为以守"雌"柔忍为处世原则,所以先秦赵无卹能柔、能为社稷忍知伯所羞,最终反大败知伯,故《淮南子·道应训》引老子的话:"知其雄,守其雌,其为天下谿。"这种守"雌"、柔忍,就是要人做到人唾其面而不较,人溺诸水而不恚;反之如不能柔忍,倾败即至,项羽送命就因不能柔忍,石崇家破也因不能柔忍。这些被历史和现实反复证明。

老子将这种守"雌"、柔忍退让、卑弱谦下的社会处世态度称为"常德"(人之德性)。人如有这种德性,也必然以雌以辱自处自守,乃至还会复归于婴儿、无极、朴者,做到与"道"一致。进一步说,有道之人更会守着朴素、纯真,也就能包涵一切,做到"大制不割"。所以,本章又被河上公称为是"返朴"章。

二 十 九 章

【解题】

本章老子阐述"无为"思想，认为天下非可为者，主张听任自然，因应物性。由"天道"推衍"人事"，人之行事处世也不可走极端，不可过分、过盛，不可存奢望。

　　将欲取天下而为之①，吾见其不得已②。天下神器③，不可为也，不可执也④。为者败之⑤，执者失之⑥。

　　夫物或行或随⑦；或歔或吹⑧；或强或羸⑨；或载或隳⑩。

　　是以圣人去甚，去奢，去泰。

【今译】

　　想要治理天下却用有为强力去做，我看他是难以能达到目的的。这天下是个神圣的东西，不能出于有为强力，不能用力把持掌握的。如果定要有为强力，定会失败搞坏，如果定要用力把持，定会失去丢掉它。

　　一切事物（人物），有的前行，有的后随；有的呴暖，有的吹凉；有的强壮，有的羸弱；有的安定，有的危险。

　　因此，圣人必须去掉那些极端的、奢侈的、过分的东西。

【注释】

　　①取：为、治；蒋锡昌说："《广雅·释诂》三：'取，为也。'《国语》：'疾不可为也。'韦解：'为，治也。'是'取'与'为'通，'为'与'治'通"

（《老子校诂》）。取天下：指治理天下。为：有为、作为，指强力、勉强去做。　②已：语气词。"不得"相对"取"而言。不得已：指得不到或不能得到。　③神器：神圣的器物、东西。　④"不可执也"：诸本均无此句，现据易顺鼎《读老札记》和刘师培《老子斠补》增补；易顺鼎说："按'不可为也'下当有'不可执也'一句，请举三证以明之。《文选》干令升《晋纪总论》注引《文子》称老子曰：'天下大器也；不可执也，不可为也；为者败之，执者失之。'其证一。王注云：'故可因而不可为，可通而不可执也。'王注有，则本文可知。其证二。下篇六十四章云：'为者败之，执者失之。是以圣人无为，故无败；无执，故无失。''无为'即'不可为'，'无执'即'不可执'。彼文有，则此文亦有。其证三。盖有'执者失之'一句，必先有'不可执也'一句，明矣。"（《读老札记》）刘师培说："王注：'万物以自然为性，故可因而不可为，可通而不可执也。物有常性而造为之，故必败也。物有往来而执之，故必失矣。'案据王注观之，则本文'不可为也'下当有'不可执也'一语。《文子》引老子曰：'天下大器也，不可执也，不可为也；为者败之，执者失之'。"（《老子斠补》）⑤之：助词，无实义。　⑥"为者败之，执者失之"：此二句，重见于第六十四章。　⑦夫：景龙本、敦煌丁本均作"夫"，王弼本原作"故"，傅奕本、苏辙本、叶梦得本等古本"故"作"凡"。高亨《老子正诂》说："'故'字误，当作'凡'或'夫'。"现据景龙本改为"夫"。物：人物、事物。行：先、前。随：后。行、随两者含义相反。　⑧歔：河上公本作"呴"，河上公注："呴，温也。吹，寒也。"《玉篇》引《声类》："出气急曰吹，缓曰嘘"，故缓吐气使物暖为歔（嘘），急吐气使物凉为吹。　⑨羸：《国语·周语》韦昭注："羸，弱也。"　⑩载：王弼本作"挫"，现据河上公本改正。或载或隳：河上公注："载，安也。隳，危也。有所安必有所危。"

【评述】

本章老子阐述"无为"思想，认为对"物"不可"为""执"过分。这种"为""执"过分，被魏源解释为："譬如陶器，不因其自然而强欲其成，必致窳败"，"譬如执宝，把持不肯释手，惟恐其失而反或堕坠"（《老子本义》)。由此推到"天道""天命""天下神器",也不可人力强为。圣人"三畏"中就有"畏天命",天命难违与圣旨难抗是中国士大夫生活中的一大特点。天道自然更是不以人的意志为转移,人如强为执着、妄为乱作,就会受到天道自然的惩罚,人类历史上的许多灾难都是由人过分执着妄为而造成的。而现代生态学注意到东方圣哲(老子哲学)的可取性,大概就基于此。同样,天下神器、天赋万物,均有物性,如养花不可揠苗助长,滥施肥料,只能因品施肥,就形修剪;又如养鸟不可以己养鸟,只能以鸟养鸟。这就如薛蕙在《老子集解》中说的那样:"物各有自然之性,岂可作为以害之……物有固然,不可强为,事有适当,不可复过,此老子之本意也。"(引自魏源《老子本义》)

因为有这"不可强为,事有适当"这一"本意",所以老子不取过盛过分的"或行或随,或歔或吹,或强或羸,或载或隳",守中而去甚、去奢、去泰,这就如吴澄解释的那样:"去甚者欲其常如微之时,去奢者欲其常如俭之时,去泰者欲其常如约之时。"(《道德真经注》)

又因为去甚、去奢、去泰,所以"物"就不会过盛;"物"不过盛,也就不易衰败,"物"不衰败就可长久。由此推到持家,"去奢"就不致败家。修身治国,又何尝不是这样?

三　十　章

【解题】

本章老子阐发他的军事战争观,认为战争必给社会生产、人民生活带来危害,即所谓:"大军之后,必有凶年。"故老子有非战观念。但老子又认为有些必要的自卫战争还是需要的,并必然会取得胜利,尽管出于不得已而为之。所以河上公又称此为"俭武"。

以道佐人主者①,不以兵强天下②。其事好还③。师之所处,荆棘生焉④。大军之后,必有凶年。

善有果而已⑤,不敢以取强。果而勿矜⑥,果而勿伐⑦,果而勿骄,果而不得已,果而勿强。

物壮则老⑧,是谓不道⑨,不道早已。

【今译】

用"道"辅助君主的人,是不会仗恃兵力而逞强于天下的。用兵杀人这件事既危险又会很快地受到对方的报复。而且军队打过仗的地方因不能耕耘,长满了杂草荆棘。等大战过后,还必定会有凶荒的年份。

所以善于用兵的,是为了不使侵侮残民的行为继续下去才用兵,他只求禁暴除乱而已,不敢仗恃自己的兵力去侵犯逞强。而且善于用兵的,等到取得战果、平息战事之后,就不再矜恃自己的兵力,也不夸耀自己的功劳,更不骄横待人。因为这种战争之事是出于不得已,所以战胜后没必要逞强。

因为强壮了就会趋向衰败，这是规律；若违反规律，妄自逞强，这就不合于规律大道，也就会提早消亡消逝。

【注释】

①佐：辅佐、辅助。　②强：逞强。　③好：犹易也。还：还报、报复。好还：易受到报复。其事好还：林希逸《老子口义》说："我以害人，人亦将以害我，故曰其事好还。"又"刘师培说：'好……借为孔。'《尔雅·释言》：'孔，甚也。'还，危也，险也。今语称危险为悬。还，一音旋，与悬音同。好还，是说很危险。"（高亨《老子注译》）　④荆棘：指带刺的灌木、酸枣等。　⑤果：成果、效果、战果。司马光《道德真经论》说："果，犹成也。大抵禁暴除乱，不过事济功成则止。"王安石《老子注》说："果者，胜之辞。"已：止也。　⑥矜：自满。《管子·法法》："彼矜者，满也。"　⑦伐：自夸。　⑧壮：王弼说："壮，武力暴兴，喻以兵强于天下者也。"则：高亨说："则，当读为贼。则字从'刀'、从'贝'，即用刀毁贝，乃古贼字，害也。一说：则，就也，壮了就老，乃是规律。而下文云：'是谓不道'，可知此句之上，应有省文，省去相反之意。"（《老子注译》）物壮则老：魏源说："物壮则老，此天道也，而违之者是不道矣，宜其暴兴者必早（亡）已也。"（《老子本义》）　⑨不道：不合于规律大道。

【评述】

本章老子提出反战思想，他说："师之所处，荆棘生焉。大军之后，必有凶年。"这种反战观念是建筑于老子本人对战争及战争造成危害的体会基础上的。据史书记载，发生在春秋时代的战争是频繁的，如发生在周襄王二十年（前632）的城濮之战（今山东鄄城西南）、周定王十八年（前589）的鞍之战（今济南）……战争一方面频繁发生，另一方面战争规模越打越大。例如周敬王十四年（前506）冬发生的吴楚大战：吴军重创楚军于柏举（今湖北麻城东），并乘胜追击，又败楚军于半渡，又趁楚军就食之隙，大败其于雍澨，五战五捷，一直攻入楚国郢都；次年五月，越军乘吴军在楚之际，袭吴；六月连连败北的楚军与前来救援的秦军会合，败吴兵；九月，吴军再战，重创楚军；接着秦军又败吴军，使吴溃不成军。这场吴楚争霸大战持续一年之多才告结束（《左传》鲁定公四年、五年》）。越打越大的战争也必然越来越残酷，如发生在周定王十三年（前 590）的楚宋之战，楚庄王围宋达九个月（九月至五月），据说当时宋都城内粮食断绝，"易子而食之，析骸而炊之"（《吕氏春秋·慎势篇》）。

这些战争，必然在当时的老子脑海中留下深刻的影响，所以本能地提出反战（非战）思想。也正因为反战，所以老子又对当时纵横游说之士欲"以兵强天下"的做法提出相反的观念，即提出"以道佐人主"；这种以道济天下的观念在庄子那里得到继承。

然而，反战的老子并非一概"反战"；他也知道自古卫国谁能去兵？养兵御寇焉能去武？尤其当时凡要立国者均需抵外敌之侵、平内乱之暴，所以讲武用兵大概是必然的。这就如古人所说的："夫武，禁暴、戢兵、保大、定功、安民、和众、丰财者。"也正是在这个意义上，《老子》本章被河上公题为"俭武"，意即指并非不要"武"，而是俭用"武"，用我们现在的话来说，反战、非战，只是反侵略战争，反逞强战争；必要的禁暴安民战争还是需要的。所以老子会讲到"果而不得已"。

也正是在这点上，老子进而提出"果而已矣"的观点，即反侵略的战争一旦取得战果成效，应该即止（而已），没有必要继续逞强，以谋取强权霸权，要知道我们的战争是"不得已"而为之。所以老子进而说到，"果而勿矜，果而勿伐，果而勿骄"。而这些，老子认为都应建筑在这个（"道"）认识上："物壮则老，是谓不道，不道早已（亡）。"这便是《老子》本章的战争观。

三 十 一 章

【解题】

本章老子接着三十章继续阐述他的军事战争观。老子指出战争的祸害，并认为即使出于不得已而用兵，也应"恬淡为上"，不可将胜利当作美事一件，如将胜利当作美事，那就必然是以战争为乐，以杀人为乐，这是非常不人道的。相反应当在不得已用兵应战的时候，"以丧礼处之，杀人之众，以悲哀泣之"。

夫兵者①，不祥之器，物或恶之②，故有道者不处③。

君子居则贵左，用兵则贵右④。兵者不祥之器，非君子之器，不得已而用之，恬淡为上⑤。胜而不美，而美之者，是乐杀人。夫乐杀人者，则不可得志于天下矣。

吉事尚左，凶事尚右⑥。偏将军居左，上将军居右。言以丧礼处之。杀人之众，以悲哀泣之⑦，战胜以丧礼处之。

【今译】

杀人甚速的兵器是一种不吉利的东西，谁都厌恶它，所以有道之人是不轻易使用它的。

君子平时以左边为贵，用兵打仗时就以右边为贵。兵器是不吉利的东西，不是君子所使用的东西。万不得已使用它，也最好淡然处之。取得胜利也不要洋洋得意，当作美事一桩，如果洋洋得意，以为美事，就反映出你的内心还是喜欢杀人、乐于杀人（有残忍心）。喜欢杀人、乐于杀人的,也就难以得志于天下,难以使天下人归服。

喜庆的事都以左边为尊上,只有遇到凶丧之事才以右边为尊上。所以偏将军站在左边,而上将军站在右边,这就是说用丧礼的仪式来对待出兵打仗。战争死伤众多,所以以哀痛的心情去参加,打了胜仗也还是以丧礼的仪式去对待处理。

【注释】

①兵:指兵器;另一说:兵指兵事。夫兵者:王弼本作"夫佳兵者",王念孙曰:"佳当作隹字之误也,隹古唯字也"(引自高亨《老子正诂》),"隹"(唯)与"夫"为虚字助词,故此处据帛书甲乙本改定为"夫兵者"。然高亨在《老子注译》中又说:"自汉以来,即有'佳兵不祥'之论。佳,犹美也。自美其兵善战,是谓'佳兵',与'胜而不美'相反,故言'佳兵不祥'。"两说均可通。　②物:指人。物或恶之:谁(大家)都厌恶它。　③处:依靠。　④"君子居则贵左,用兵则贵右":陈鼓应说:"古时候的人认为左阳右阴,阳生而阴杀。后文所谓'贵左'、'贵右'、'尚左'、'尚右'、'居左'、'居右'都是古时候的礼仪。"(《老子注译及评介》)　⑤恬淡:《说文》:"恬,安也。"《方言》十三:"恬,静也。"吴澄《道德真经注》说:"恬者,不欢愉;淡者,不浓厚。谓非其心之所喜好也。"⑥凶:帛书甲本作"丧"。凶事:丧事。尚:上。　⑦悲哀:王弼本作"哀悲",河上公本作"悲哀",现据河上公本改为"悲哀"。泣:读为"莅"(音立);又"泣"是"莅"字的误写,"莅""莅""莅"同,莅临,有到场、参加的意思。

【评述】

本章老子继续讲他的军事战争观。

上章老子讲到"师之所处,荆棘生焉。大军之后,必有凶年",此章老子进而讲到在这种兵事中起作用的兵器也是不祥之物,军事家应谨慎使用。由这种观点出发,所以具有正确军事战争观的国家和民族是不会到处炫耀自己的武力兵器的,也不会无缘无故研制新的杀人武器的,反倒有必要销毁杀人武器。由这推衍到社会,如能到处见到刀枪之类的兵器,也是一种不祥之兆;再由此联想到儿童玩具市场,如到处可见仿真武器,也是一种不好的现象,容易诱引儿童好战心理,所以中国古代育儿知识中就有"勿使之(儿童)弄刀剑"的记载(明万全《育婴家秘》)。诸如此类,都被老子称为"兵者不祥之器,非君子之器",而有道之人是不轻易接近它的。

而老子这种反战观念,除直接与老子亲自体验到战争的祸害相关外,还与当时出现的弭兵运动有关。史书记载,春秋以来战争越打越频繁,越打越大,也越打越残酷,于是日益引起人们的反感,并在春秋中期出现弭兵(停止战争)运动。《左传》记载,宋国向戌奔走各国,结果在襄公二十七年七月于宋都开了弭兵会议,十四国签订了盟约,并起到了一定的作用。当时大家都已认识到战争的危害性:"兵,民之残也,财用之蠹、小国之大灾也。"在此基础上,所以会有老子的反战观念和情绪,这实际上是当时时代思潮的反映。

如同上章讲到"果而不得已","果而已","果而勿矜,果而勿伐,果而勿骄",本章继续讲到,对这种不得已而应战动武用兵,应该"恬淡为上""胜而不美";老子认为如将战争得胜当作美事、洋洋得意,这实际上是一种战争狂的心态。有这种心态的人被老子看做是"不可得志于天下"的,也被孟子用另一种说法表述为:"不嗜杀人者能一之"(《孟子·梁惠王章句》)。

也正因为不得已而应战动武用兵,所以老子进而讲到:人之应战也必带有哀情,也必以悲哀心情来对待这导致死人的战争,而即使打了胜仗,也必以丧礼的仪式来处理。诸如此类,被陈鼓应先生称之为是一种"人道主义的呼声"(《老子注译及评介》)。而这种战争上的人道主义,大概就是战国《尉缭子》所解释的:"凡兵不攻无过之城,不杀无罪之人。夫杀人之父兄,利人之财货,臣妾人之子女,此皆盗也。故兵者所以诛暴乱、禁不义也。兵之所加者,农不离其田业,贾不离其肆宅,士大夫不离其官府。"(《武议》第八)

三 十 二 章

【解题】

本章老子指出"道"原本"无名",故用"朴"比喻之;它("道")极其微妙,小至无形、大至无边,天下一切事物都受它支配,并遵循它的特性而活动。由此引申到社会政治,侯王若能认识它的特性,持守它的特性,天下就能安然自适、万民就能怡然自得。

"道"常无名①,朴虽小②,天下莫能臣③。侯王若能守之,万物将自宾④。天地相合,以降甘露,民莫之令而自均⑤。

始制有名⑥,名亦既有,夫亦将知止,知止可以不殆⑦。

譬"道"之在天下,犹川谷之于江海⑧。

【今译】

"道"原本是"无名"的,如同木材(朴)尚未剖割雕琢为器时无名一样,它("道")虽然幽微无形,但天下却没有人能臣服它。侯王若能保守住它,万物将会自动地归附。天地间(阴阳之气)相合,就会降下甘露,人们无须指使它而自然均匀。

万物兴作就会产生各种名称,各种名称既已制定产生,就要知道适可而止,知道适可而止,就可以避免危险。

"道"存在于天下,并为天下所归,正如江海为河川所归一样。

【注释】

①常:原本、本来。 ②朴:《说文》:"朴,木素也。"《论衡·量知篇》:"无刀斧之断者谓之朴。"朴虽小:是说"道"幽微无形,张默生《老子章句新释》说:"'小'字,指'无名朴'说,亦即指道体而言。道体是至精无形的,故可说是'小'。但此'小'字,不是普通大小之'小',固有时从另一方面看,此'小'字又可说是'大'了。下章有云:'常无欲,可名于小,万物归焉而不为主,可名为大。'这都是形容道体的。《庄子》上说的'其大无外',是就'大'一方面来说;'其小无内',是就'小'一方面来说。" ③臣:服从,作动词解。 ④宾:归附。 ⑤均:均匀。⑥始:开始。制:制作。始制有名:万物兴作,于是产生了各种名称(陈鼓应《老子注译及评介》)。王弼说:"始制,谓朴散始为官长之时也。始制官长,不可不立名分以定尊卑,故始制有名也。" ⑦殆:危险。⑧譬"道"之在天下,犹川谷之于江海:蒋锡昌《老子校诂》说:"此句倒文,正文当作'道之在天下,譬犹江海之与川谷'。盖正文以江海譬道,以川谷譬天下万物。"

【评述】

本章老子以"朴"喻"道",以"无名"为万物之宗,认为侯王若能守之,万物将自宾;而朴散为器,因器制名,则人就会徇名而忘朴,迷末而丧本,所以"有名"也就为乱之本,由此老子要人当知止足。

自老子提出"无名、有名"的概念、关系及崇尚"无名"以来,一直得到人们的注意,受到人们的推崇。对老子"无名、有名"关系解释得最为精到的,要数魏晋哲学家王弼。王弼在《老子指略》中讲到:"夫物之所以生,功之所以成,必生乎无形,由乎无名。无形无名者,万物之宗也。"王弼并举例说:"不温不凉,不宫不商"倒"能为品物之宗主",反之,"若温也则不能凉矣,宫也则不能商矣"。这就如同老子所说的尚未剖割雕琢的"朴"(木头)倒可作成各种器具("朴散为器"),反之,散成了器具后倒难以再返"朴"了,这就如木头做成了此一器具,也就不能为彼一器具一样。所以"道""朴""无名"是为万物之宗主,老子崇尚

"道""朴""无名"也是必然的。在这意义上,与王弼齐名的何晏所著《无名论》,其理与之相似:"夫圣人,名无名,誉无誉,谓无名为道,无誉为大。则夫无名者,可以言有名矣;无誉者,可以言有誉矣。"反之,有誉不可言无誉,有名不可言无名——朴散为器则可,散器返朴则不可。

　　由哲学下落到实处——社会政治,人们似乎也打心底里推崇"无名",就是有了名的魏晋名士阮籍也反对"名分",认为社会"名分"只能带来"竞逐趋利,舛倚横驰"(《达庄论》);这就如王弼在《老子指略》中说的:"名以定物,理恕必失;誉以进物,争尚必起。"王弼接下用哲学语言说:"有名必有所分,有分则有不兼,有由则有不尽"(《老子指略》),人之争名就为夺利,这样,社会又怎能像天降甘露使之均匀? 而社会降露分配不均,这社会岂能不乱? 与其这样,不如"无"——"无贵则贱者不怨,无富则贫者不争,各足于身而无所求也"(阮籍《大人先生传》)。由此,老子要人们对"有名"有所"知止"。而这"知止",就如王力《老子研究》中解释的那样:"知止则如知山有险,勒马不前",以止为退,归淳返朴(第四章《道动》第三节《知止》)。这种归淳返朴,老子比喻为"尤川谷之于江海";而人(如侯王)如能归淳返朴,守之"无名",老子认为这天下百姓就会归附顺从,各遂其生。

三 十 三 章

【解题】

本章老子阐述他的修养理论。老子强调：人要"知人"，但更要"自知"；人要胜人，但更要"自胜"。老子还强调：人要"知足"，要"强行"，还要"不失其所"，这样就能做到"死而不亡"。

知人者智，自知者明。胜人者有力，自胜者强①。知足者富②，强行者有志③。不失其所者久，死而不亡者寿④。

【今译】

认识别人的叫做智，认识自我的才算明。战胜别人的叫做有力，克服自身（弱点）的才算刚强。知道满足的就是富有，坚持力行的就是有志。不丧失其所执守的就能长久，身死而不被遗忘的就算长寿。

【注释】

①强：是《老子·五十二章》"守柔曰强"的"强"，非"坚强者死之徒"的"强"；在老子看来"守柔"才是不会走向反面的真正之"强"。
②知足：王力《老子研究》说："知足，不贪之谓"。 ③强行：王弼注："勤能行之，其志必获，故曰'强行者有志'矣。" ④亡：帛书甲乙本"亡"均作"忘"，"忘"是"忘掉""遗忘"的意思。死而不亡，王弼注："身没而道犹存"。

【评述】

本章为老子的修养论。老子强调：人要"知人"，更要"自知"。对于这种"知人"，先秦孔子也讲到过，《论语·学而》中说："不患人之不己知，患不知人也。"以后，这种"知人"活动又不断地得到人们的重视。

这种历代重视的"知人"活动带有极大的功用性，大致说来，是为了人自身能在社会中的生存。这用哲学语言来说是人类为了自身的生存需要，对人（包括天地自然）作研究和认识。

为了使自身能在社会中生存，这种"知人"又往往强调人要在对方还没充分呈现自身时而知之，所以成书于汉魏六朝时期的《刘子》一书就说到："孔方湮之相马，虽未追风逐电，绝尘灭影，而迅足之势固已见矣。薛烛之赏剑也，虽未陆斩玄犀，水截轻羽，而锐刃之资亦已露矣。故明哲之士，听之于未闻，察之于未形，而鉴其神智，识其才能，可谓知人矣。若功成事遂然后知之者，何异耳闻霆雷而称为聪，目见日月而谓之明乎？若于临机能谋而知其智，犯难涉危乃见其勇，是凡夫之识，非明哲之鉴。"（《知人篇》）

因为是这样，所以"知人""识人"实属不易，其中困难就是"人之心隐匿难见，渊深难测"（《吕氏春秋》卷二十《观表》）。这照《庄子·列御寇》引孔子的话说："凡人心险于山川，难于知天，天犹有春秋冬夏旦暮之期，人者厚貌深情。"《刘子·心隐篇》解释为："人有厚貌深情，不可得而知之也。故有心刚而色柔，容强而质弱，貌愿而行慢，性懁而事缓，假饰于外，以明其情，喜不必爱，怒不必憎，笑不必乐，泣不必哀，其藏情隐行，未易测也。"

也因为这样，所以会有知人识鉴的方法产生，如魏晋刘劭的《人物志》就讲到多种"知人"、识鉴方法。也因为"知人"不易，所以老子会讲到"知人者智"的话。

知人不易，"自知"也不简单，即使"智能知人"。但也有"不能自知"的表现。这是因为"俗之常情，莫不自贤而鄙物，重己而轻人"，这样导致"嫫母窥井，自谓媚胜西施；齐桓矜德，自称贤于尧舜"（《刘子·

心隐篇》)。好在"自知"只须向内用功,按老子说来"自知之明"即可;这种"自知之明",在《老子》看来大致是"守柔、去欲、知足、戒矜、谦虚"。这样不但能"胜人",更能"自胜",也能"为强";这就如河上公注释的那样:"人能自胜己情欲,则天下无有能与己争者,故为强也。"这种一以贯之的"守柔、去欲、知足、戒矜、谦虚",被老子称为是"不失其所",也是人能长久的原因,更是人"身没而道犹存"的根据。

三 十 四 章

【解题】

本章老子进一步歌颂"道"的作用。"道"是广泛流行、无所不在的,有了"道"才有万物。它侍候了万物,可以说它是渺小的;万物又归附它,可以说它是伟大的。"道"是无为的,从不以伟大自居,所以能完成其大。

大道氾兮①,其可左右②。万物恃之而生而不辞③,功成而不有④。衣养万物而不为主⑤,常无欲⑥,可名于小⑦;万物归焉而不为主⑧,可名为大。以其终不自为大,故能成其大。

【今译】

大道广泛流行,无所不在,万物依靠它生存,而它对万物从不干涉,有所成就而不自以为有功。养育万物而不自以为主宰,可以称它为是"渺小"的;万物归附它,而它不自以为主宰,可以称它为是"伟大"的。由于它不自以为伟大,所以才能成就它的伟大。

【注释】

①氾:同"泛",《广雅·释言》:"氾,普也",指"道"像"水"四外漫流、泛滥。　②左右:高亨《老子注译》说:"举左右以包六合";徐梵澄《老子臆解》说:"左右者,佐佑也。亦屡屡言道之大,汎汎然偏无不入,

可以佐佑人主也。" ③辞:《说文》:"辞,籀文作嗣",有管理、干涉的意思。 ④功成而不有:据《文选·辨命论》李善注引"功成而不有"改定;王弼本原作"功成不名有",故易顺鼎《读老札记》说:"《辨命论》注引作'功成而不有,爱养万物而不为主'。按下又连引王注,则所引为王本无疑矣。今王本'功成不名有'当作'功成不有','名'字衍。" ⑤衣:"犹包也。衣包裹人身,引申有包意。衣养即包育。衣养,古本或作衣被,衣被犹覆盖,也通。"(高亨《老子注译》) ⑥常无欲:奚侗《老子集解》说:"各本'可名于小'句上,误赘'常无欲'三字,谊不可通,兹从顾欢本删。" ⑦可名于小:王弼注说:"万物皆由道而生,既生而不知其所由。……万物各得其所,若道无施于物,故名于小矣。" ⑧归:依靠,归附。

【评述】

本章老子继续论"道":无形无声的"道"弥漫上下左右四方;这就是《老子》本章说的:"大道氾兮,其可左右。"然后老子谈"道"的作用:"万物恃之而生而不辞,功成而不有,衣养万物而不为主,可名于小,万物归焉而不为主,可名为大。"对此,陈鼓应《老子注译及评介》引述为:"这里,藉'道'来阐扬顺任自然而'不为主'的精神。"这种"不为主"的精神,美国 A.J. 巴姆教授在《论老子之"道"》一文中解释为:"'道'产生万物,'道'的本性是去指导它们,虽然事物有不同的种类,但每一事物都有它完满自足的内在本性去指导事物。没有任何事物能够背离'道'和体现在它们自己生存中的自然本性。如此说来,不是'道'要求这样做,而是事物自然如此,它从来就是这样。'道'产生和养育了万物,但它却从不干涉万物,即使为万物提供了一切,也不愿意处于独一无二的支配地位。由于'道'从不要求对它的贡献予以回报,所以看来好像价值不大。但是所有的万物都归附于它,甚至万物并没有意识到自己归返于它们的发源地。"(载《天府新论》1995 年第四期)

也正因为"道"具有"不为主"的精神,所以它又与上帝的作风不相同,这照陈鼓应先生说来:"耶和华创造万物之后,长而宰之,视若囊中之物"(《老子注译及评介》)。也照 A.J. 巴姆说来:"'上帝'爱护并关心它的创造物,'道'容纳并养育万物,然而这样做却无求于万物,不需要它的创造物去做不愿做的事,不论做什么,'道'都不去干涉,也不去阻止","道的无人格的特性与'照上帝的旨意行事'的观念形成对照"(《论老子之"道"》)。

由"道"推衍到社会,老子的这种"功成而不有,衣养万物而不为主"的精神就变成一种社会"谦道",与《周易》"天道亏盈而益谦……人道恶盈而好谦"相呼应,这照徐梵澄《老子臆解》说:"有功而不自以为功,有名而不自居其名,史实多有,而亦今时习见者也。盖成就大事,必多人,事愈大必人愈多。封建之制,一人为君主而万事取决焉,所谓'万物归焉'者。倘能不以君主而自尊大,所以自处者小,所谓'恒无欲也',亦自超然于得失之外,所谓'无为'也。如是则归之者必众,归之者愈众,则其成就也愈大。在今世,理有同然。事大人多,必有一人为之主,或创其始,或制其中,或总其成,或善其后。而此一人者,必其德量、识度、才智、学术等皆过越众人,众人乐归之,乃以成其大事。要之必由大众成之也,则功亦当归于大众。事功与人力对言,此一人亦大众之一也,其力亦群力之一分而已。"这大概就是老子之"道"的社会功用。

三 十 五 章

【解题】

本章老子继续论"道"、颂"道"。老子指出"道"是视无形、听无声、言无味的大象,宇宙万类都在用它而用之不尽;王者如能掌握它,天下就能平和安泰。

执大象①,天下往②。往而不害,安平太③。

乐与饵④,过客止。"道"之出口,淡乎其无味,视之不足见,听之不足闻,用之不足既⑤。

【今译】

谁如能掌握了"道",天下人都将来归往。归往而不互相妨害,于是大家平和安泰。

音乐和美食,能使过路客为之停止。但"道"如要表述,却淡得没有味道,看它却又看不见,听它却又听不到,用它却又用不完。

【注释】

①执:掌握。大象:指"道";因为"道"无处不在,所以为宇宙间最大的"象",如十四章说:"无物之象"。 ②归:归往、归附。 ③安:"安,犹乃也"(王引之《经传释词》)。太:读为"泰",两者通,有安、宁的意思。奚侗《老子集解》说:"安宁,平和,通泰,皆申言不害谊。"蒋锡昌《老子校诂》说:"严复云:'安,自繇;平,平等;太,合群也'。以今人所习之新名词,强合之《老子》。" ④乐:音乐。饵:《说文》:"饵,粉饼

也"，指一种美味食品，即美食。 ⑤既：《广雅·释诂》："既，尽也。"

【评述】

本章老子继续论"道"。老子继其他章节讲到"道"之无形无名之后，于本章将这种无形无名的"道"称为"大象"；这种无形无名的"大象"（"道"），按老子说来是："淡乎其无味，视之不足见，听之不足闻，用之不足既"，用王弼在《老子指略》中的话来说是："听之不可得而闻，视之不可得而彰，体之不可得而知，味之不可得尝"，所以只能"不温不凉，不宫不商，不炎不寒"。因为"不温不凉，不宫不商，不炎不寒"，所以就能"包统万物，无所犯伤"（王弼《老子·三十五章注》）。这也即如上述提到的那样：只有无规定性的"朴"方可散为"器"。反之如有形有象则难以包通万物，这就是王弼在《老子指略》中接着说的："若温也则不能凉矣，宫也则不能商矣，形必有所分，声必有所属，故象而形者非大象，音而声者非大音也。"这也即如上述提到的那样：散器则难返成"朴"。

正因为"道"有此特征，所以老子认为人如掌握大象，天下必归往（"执大象，天下往"），这照王弼解释是："不温不凉，不炎不寒，不宫不商，无形无识，不偏不彰，主若执之，则天下往也"（王弼《老子·三十五章注》）；反之如有偏有倚、有炎有寒，也必有所取舍、有所倾斜，则天下也必不会都归附，也必会造成愤怨，产生差别，天下就会不太平，所以老子认为只有掌握"大象"，可以"安平太"。

由此，老子联系到"乐与饵"——五音与五味；然而，"酸甜苦辣咸"只能分别适合部分地方的部分人，"宫商角徵羽"也是如此，唯有淡乎中和方可适合任何时空中的任何人，故也可用之不既（尽）。再从养生角度来说，美乐厚饵必荡人心神爽人口味，但也必有所害，唯有淡乎中和方可养人，所以魏源在《老子本义》中说道："唯无浓酽之趣者，故亦无倾危之患……故无味之味是为至味，终身甘之而不厌；希声之声是为大音，终身听之而不烦，无象之象是为大象，终身执以用之而无害，推之蛮貊而可行，放手四海而皆准，所谓天下可往者。"

三十六章

【解题】

本章老子阐述了他的朴素辩证观点。老子认为:歙与张、弱与强、废与兴、取与予,都是矛盾的对立,并能相互转化;必先有张之、强之、兴之、予之,然后才会有歙之、弱之、废之、取之。老子进而认为,这种先予后取,就叫做"柔弱胜刚强",许多领域都离不开这一原则。

将欲歙之①,必固张之②;将欲弱之,必固强之;将欲废之,必固兴之;将欲取之③,必固予之④。是谓微明⑤。

柔弱胜刚强。鱼不可脱于渊,国之利器不可以示人⑥。

【今译】

将要收敛它,必先扩张它;将要削弱它,必先增强它;将要废弃它,必先兴举它;将要夺取它,必先给予它。这就叫做虽幽微而显明。

柔弱必定胜过刚强。鱼不可脱离池渊,国家的"利器"不可随便向人耀示。

【注释】

①歙:《韩非子·喻老篇》引作"翕"。"翕""歙"两字相通。"翕,敛也"(《荀子·议兵篇》杨倞注),故歙,即收敛,与"张"义相反。②固:景龙碑本作"故"。另一说:固,读为姑且之姑。所以"固、姑、故,皆通假字"(徐梵澄《老子臆解》)。 ③取:通行本作"夺",《韩非子·喻老篇》作"取",蒋锡昌《老子校诂》说:"《史记·管晏列传》云:'故曰

知与之为取,政之宝也。'《索隐》:《老子》曰:'将欲取之,必固与之。'看《史记》用'故曰'云云,疑'与之为取'即本之《老子》'将欲取之,必固与之'而来。是《史记》与《索隐》并作'取'也。检义,亦以作'取'为是。当据《韩非》改正。"　④予:各本均作"与",帛书甲乙本作"予"。当据帛书改正。　⑤微明:范应元《老子道德经古本集注》说:"张之、强之、兴之、与(予)之,已有翕之、弱之、废之、取之之几伏在其中矣。几虽出微而事已明。故曰:是谓微明。"　⑥利器:据陈鼓应《老子注译及评介》说:"利器:有几种说法,一说利器指权道(如河上公);一说利器指赏罚(如韩非);一说利器指圣智仁义巧利(如范应元)。"另一说利器指政权,或指军事力量(如高亨《老子注译》)。还一说利器不可以示人指老子所说的相反之理("将欲歙之,必固张之")引申出的权术不可示人。示:显示、耀示、炫耀。另一说:示,借为赐,《荀子·赋篇》:"皇天隆物,以示下民"(高亨《老子正诂》)。

【评述】

本章老子阐述辩证思想、自然之理。明代释德清《老子道德经解》说:"此言物势之自然而人不能察,天下之物,势极则反。譬夫日之将昃,必盛赫;月之将缺,必极盈;灯之将灭,必炽明。斯皆物势之自然也。故固张者,翕之象也;固强者,弱之萌也;固兴者,废之机也;固予者,夺之兆也。天时人事,物理自然。"陈鼓应《老子注译及评介》也通俗地讲到:"将要合起来,必先张开来(将欲歙之,必固张之),即是说在事物发展的过程中,张开来是闭合的一种征兆。老子认为事物在不断对立转化的状态,当事物发展到某一个极限的时候,它必然会向相反的方向运转,好比花朵盛开的时候,它就要萎谢了(花朵盛开是即将萎谢的征兆);月亮圆满的时候,它就要亏缺了(月亮圆满是即将亏缺的征兆)。"

然而,问题出在老子这种辩证观念是用"将欲,必固"的语言来表述的,这种省略主语的语言配置容易被人理解是一种论述利用上述自然之理而采取的手段,即是一种"将要削弱他,必先增强他;将要夺取他，必先给予他"的主体行为，于是老子这种观念也就被人引申为是一种权术阴谋。再加上这种"将欲，必固"也的确与径情直行的世俗行为相反，故也被人理解为是一种用智的行为。而把"将欲歙之，必固张之；将欲弱之，必固强之；将欲取之，必固予之"直接与世间权术联系起来论述的要数韩非子，《韩非子·喻老篇》对"勾践事吴"的论述是这样的："越王入宦于吴，而观之伐齐以弊吴。吴兵既胜齐人于艾陵，张之于江济，强之于黄池，故可制于五湖。故曰：'将欲歙之，必固张之；将欲弱之，必固强之。'晋献公将欲袭虞，遗之以璧马，知伯将袭仇由，遗之以广车。故曰：'将欲取之，必固与之。'"而越王勾践对待吴国的手段也正是这样的，并最终"先予后取"之。

也因为这种"欲歙固张""欲取固予"有效，所以社会上不断有人效仿，以后张良之待秦项、汉文帝之待佗濞均用此法。这样《老子》"欲歙固张""欲取固予"如同"龙蛇蛰以存身，尺蠖屈以求伸"的天道物理一样，均被人理解为是一种权术，并不断被人使用，圣人以此除暴恶，小人借此行其私。

事情发展到此等地步，不管是使用此术者还是受此术之害者，也都会想到此术法之宗乃是老子，于是老子也必为儒林所诟病，也必被世人视为权术家、阴谋者。对此，也有人为老子开脱，如徐梵澄《老子臆解》说："老氏此言，初未尝教人用此机以陷人，则亦不任其咎。医言菫可以杀人，非教人以饮菫也，教人免于其祸也。观于人类之相贼，操此术者多矣，亦不待老氏之教。教会之收信徒，敌国之使间谍，其术多有同此者。"

而用"将欲，必固"语言配置，来表述"先予后取"以喻"柔弱胜刚强"的老子大概也估计到会有立言之弊、理解之误，故在此后强调"利器不可以示人"。这是因为用"先予后取"取天下之物，就好比用"兵刃利器"取天下之物一样厉害；如果"利器不可以示人"，那么这方法又怎可示人？既使示人（让人知道），也必是"教人免于其祸。"

三 十 七 章

【解题】

本章老子提出"道"之"无为而无不为"的原则,并将此推行到社会,认为理想的社会政治也将是无为而自化,不欲而自定的。

"道"常无为而无不为①。侯王若能守之②,万物将自化。化而欲作③,吾将镇之以无名之朴④。镇之以无名之朴⑤,夫将不欲⑥。不欲以静,天下将自定。

【今译】

"道"永远是顺其自然、无为的,然而却又没有一件事不是它所为的。侯王若能遵守它,自然万物就会自然变化。自然变化到贪欲萌发时,我就用"道"的真朴来镇住它。用"道"的真朴来镇住它,就会根绝贪欲。贪欲不起就会归于安静,天下也就会自然安定。

【注释】

①无为:顺其自然,无所作为,不妄为。王弼注:"顺自然也。"无不为:王弼注:"万物无不由为以治以成之也",是说由于不妄为而没有一件事不是它所为的。"道"常无为而无不为:帛书甲乙本作"道恒无名",与三十二章"道常无名"同。 ②守之:守道。 ③欲:欲望。作:《广雅·释诂》:"作,生也。" ④镇:帛书乙本作"阗"。"镇""阗"古通用,镇伏、镇定的意思。无名之朴:指道。 ⑤镇之以无名之朴:诸本均作"无名之朴",而帛书乙本作"阗之以无名之朴",据帛书乙本补上

"阗之以"三字,并改"阗"为"镇"。　⑥夫:指人。

【评述】

本章老子提出"无为而无不为"的原则。《老子》有关章节讲到:"道"养育万物,但"道"从不干涉万物,从不期望它的养育物去做他们不愿做或不该做的事,就像土壤养育植物,土壤任凭种子随时吸取养料,却从不期望从中得到些什么;"道"像天地一样,于物从不厚此薄彼,"道"无意识于去养育什么或扶植什么,"道"于万物不带有任何意识,因此"道"是无为而不妄为的。也正因为"道"无意识去养育什么或扶植什么,所以"道"又是无所不为的,故老子说:"道常无为而无不为。"老子知道:有意识去养育什么或扶植什么,就必定是有所为和有所不为的,也必定是厚此薄彼,也必定会取舍分明,也必定会出现偏差,就像向阳与背阳下的植物出现的反差一样。

由此,老子以"天道"喻"人道",也要君主侯王持守此道:无为而无不为,认为只有这样,万民将自化和自定,不会出现灵王好细腰而国人多饿死的现象。老子认为这才是理想的政治,陈鼓应《老子注译及评介》说:"老子一再强调统治者的态度应出于'无为'——顺任自然而不加以干预——让人民自我发展,自我完成。"

然而,老子又似乎感到社会中的"无为"不同于自然界的"无为",有意识的人不会像无意识的物那样自然生灭,有意识的人是会极力自我变化发展,会延"生"、饰"伪"、适"欲"。这就是老子本章说的:"化而欲作"。而到了此时,老子却又"有为"了,提出:"吾将镇之以无名之朴。"魏源《老子本义》说:"无名之朴者,以静镇动,以质止文,以淳化巧,使其欲心虽将作焉不得,将释然而反而无欲矣;无欲则静,静则正而返于无名之朴矣。所谓我无欲而民自朴,我好静而民自正。"所以老子最后说:"镇之以无名之朴,夫将不欲。不欲以静,天下将自定。"

三 十 八 章

【解题】

本章为老子《德经》之首章,其宗旨为分言"道""德""仁""义""礼""智",并指出"道""德""仁""义""礼"产生的顺序。老子又特别指出:虚伪之礼是祸乱的根源,花巧之智是愚昧的开始,强调要去彼取此:淳厚、朴实。

上德不德,是以有"德";下德不失德,是以无"德"①。

上德无为而无以为②。〔下德为之而有以为③〕

上仁为之而无以为。上义为之而有以为④。上礼为之而莫之应,则攘臂而扔之⑤。

故失"道"而后"德",失"德"而后"仁",失"仁"而后"义",失"义"而后"礼"。夫"礼"者,忠信之薄⑥,而乱之首⑦。

前识者⑧,"道"之华而愚之始⑨。是以大丈夫处其厚,不居其薄⑩;处其实,不居其华。故去彼取此⑪。

【今译】

"上德"不自恃有德,所以有德;"下德"自以为不离德,所以无德。

"上德"任其自然,无意去作为。

"上仁"有所作为却出于无意。"上义"有所作为并出于有意。"上礼"有所作为而得不到响应,于是就伸拳攘臂迫人强从。

所以,丧失了"道"而后才有"德",丧失了"德"而后才有"仁",丧失了"仁"而后才有"义",丧失了"义"而后才有"礼"。"礼"这东西是忠信的哀退,大乱的祸首。

所谓"前识"只是"道"的虚华,愚昧的开端。因此,大丈夫立身淳厚,不居浇薄;存心朴实,不居虚华。所以舍弃后者而采取前者。

【注释】

①这里的"德"字,指一种德性。 ②无为:任其自然,因循自然。以:有心、有意。 ③下德为之而有以为:帛书甲乙本均无此句。现据帛书本删去此句。 ④义:宜也,行事得当是谓"义"。 ⑤攘:《广韵》:"揎袂(卷袖)出臂曰攘。"扔:引,拉。 ⑥薄:衰退,不足。⑦首:开端。 ⑧前识:先见之明,即所谓"智"。 ⑨华:虚华、浮华,古代通"花"字。 ⑩厚:淳厚,指"道"。薄:浇薄,指"礼"。 ⑪去彼取此:舍弃虚华、浇薄而采取朴实,淳厚。

【评述】

本章老子论社会之"德"。认为最好的"德"是"上德",按吴澄说来:"近道者为上德"(《道德真经注》)。也即如王弼在《老子·三十八章注》中说的:"何以得德? 由乎道也;何以尽德? 以无为用。"所以在老子看来,最好的社会是遵道无为的"上德"社会,只有以无为用,才能无物不载、无物不经,只有无以为用,才能无所偏,这样社会就安泰。那么怎样才能做到这点呢? 老子认为要灭私无身,灭其私无其身则四海莫不瞻,远近莫不至;舍己任物才能无为而泰,守素持朴才能无须典制。

也因为舍己、灭身、无私,所以即使做了善事,也不会争名夺誉,即如空气与水一样,遍生万物而不有其功,故老子称为:"上德不德,是以有德。"反之,如社会到处充斥歌功颂德,这按老子说来倒是"无德"。

然而,这种"上德不德,是以有'德'"的社会毕竟少之又少,且又存于人之理想；加之上述提到社会"化而欲作"，不能不为而成、不兴而治，于是纷纷"有为"，产生仁义礼节，这时的社会道德范式应是"下德"。这照王弼说来："凡不能无为而为之者，皆下德，仁义礼节是也。"（《老子·三十八章注》）

而此时的社会似乎还想"无所偏"，于是这"仁爱"也想极力宏普博施。然而社会生活告诉我们，"爱"很难兼、"仁"很难普，所以这宏普博施的"上仁"实际上是没有的。于是就有忿枉祐直、抑抗正直的"义"产生。但是，这社会还总有直不能笃、正无法定的地方，这样就有了修文伪饰的"礼"。然而礼尚往来也总有应对不妥之处。而这时的有为者大概再也无法想出有效的东西来了，只能如老子所言："上礼为之而莫之应，则攘臂而扔之。"

诸如这种道德仁义礼节产生的过程，就是老子说的："失道而后德，失德而后仁，失仁而后义，失义而后礼。"也如吴澄比喻的："道犹木之实，生理在中，胚胎未露，既生之后，则德其根、仁其干、义其枝、礼其叶。"（《道德真经注》）而社会发展到此时，尽管枝叶茂盛（繁文缛节），这社会也就好不到哪里去，只会"礼则争，义则竞，仁则伪"（王弼《老子·三十八章注》）。这时的老子，想想还是原本淳厚朴实的社会好，于是去彼取此：载以大道，镇之无名，这样才能使物无所尚，志无所营。这也就是《老子·四十章》说的："反者道之动。"有了这"道"作根打底，即使施仁、行义、用礼，这"仁"也会厚，"义"也会正，"礼"也会清；反之无这"道"作根打底，这施仁行义用礼也会施歪、行邪、用坏。这也就如王弼说的："仁德之厚，非用仁之所能也；行义之正，非用义之所成也；礼敬之请，非用礼之所济也。"（《老子·三十八章注》）于是《老子·三十九章》会说到这样的话：只有"得一"（"道"），这社会的天才清、地才宁。

三 十 九 章

【解题】

本章老子称“道”为“一”，认为宇宙天地间一切事物得以存在的原因是得到了“一”（道），而失去“一”（道），也就要败亡。由此讲到侯王也要得“一”（道），才能使天下正，否则也将败亡。老子并由侯王自称“孤”“寡”而讲到“道”的“处下”“居后”“谦柔”的特性，以喻说为政者也须如此。

昔之得一者^①：天得一以清；地得一以宁；神得一以灵；谷得一以盈^②；万物得一以生；侯王得一以为天下正^③。

其致之也^④，谓天无以清^⑤，将恐裂；地无以宁，将恐废^⑥；神无以灵，将恐歇^⑦；谷无以盈，将恐竭^⑧；万物无以生，将恐灭；侯王无以正^⑨，将恐蹶^⑩。

故贵以贱为本，高以下为基。是以侯王自称孤、寡、不穀^⑪。此非以贱为本邪？非乎？故致数舆无舆^⑫。不欲琭琭如玉，珞珞如石^⑬。

【今译】

自古以来凡是得到“一”的——天得到“一”而清明；地得到“一”而安宁；神得到“一”而灵妙；河谷得到“一”而盈满；万物得到“一”而滋生；侯王得到“一”而天下安宁自足。

推究其理,天不得清明,将会崩裂;地不得安宁,将会塌溃;神不得灵妙,将会消失;河谷不得盈满,将会枯竭;万物不得滋生,将会灭绝;侯王不得"道",将会倒蹶。

所以,贵必以贱为根本,高必以下为基础。因此侯王们自称"孤""寡""不穀",这不是以低贱为根本吗? 不是吗? 所以过多地计较称誉必得不到称誉。不想做什么球球晶莹的宝玉而宁做珞珞坚硬的山石。

【注释】

①一:道的别名;《说文》:"惟初太始,道立于一。"得一:得道;严灵峰《老子达解》:"一者,道之数。得一,犹言得道也。" ②谷:河谷。盈:满。 ③正:王弼本作"贞"。"贞"即"正"。帛书乙本也作"正"。据帛书乙本改定"正"。 ④致:犹推也。 ⑤谓:帛书甲乙本均作"胃","胃""谓"音近而误(许抗生《帛书老子注译与研究》)。诸本无"谓"字,据帛书本补定。 ⑥废:王弼本作"发",刘师培《老子斠补》说:"发读为废。《说文》:'废,屋顿也'。《淮南子·览冥训》:'四极废。'高注:'废,顿也。'《左传》定公三年:'废于炉炭'杜注:'废,堕也。'顿堕之义与倾圮同,恐发者,犹言将崩圮也,即地陷之义。" ⑦歇:消失。 ⑧竭:尽、干。 ⑨正:范应元本作"贞"。"贞""正"古字通用,"上文'侯王得一以为天下正',为求文例一律,改'贞'为'正'"(陈鼓应《老子注译及评介》)。 ⑩蹶:跌倒。 ⑪自称:王弼本作"自谓"。林希逸本、焦竑本"谓"作"称"。易顺鼎说:"按'自谓'当作'自称'"(《读老札记》)。孤:单。寡:《广雅·释诂》:"寡,独也。"穀:善。古代王侯自称"孤""寡",表明自己是孤独者,以争取臣民的拥护。又自称"不穀",表明自己才德欠佳,以争取臣民的辅助。这些谦词含"人君南面之术"。 ⑫致:读为"至"。帛书乙本作"至"。数:马叙伦《老子校诂》:"'致'有误作'数'者。当据删。舆,当读为'誉'。《庄子·至乐篇》引此文为:"至誉无誉。" ⑬不欲球球如玉,珞珞如石:高亨《老子正诂》说:"球球,玉美貌;珞珞,石恶貌。……《后汉书·冯衍传》:'不碌碌如玉,落落如石。'李注:'玉貌碌碌,为人所贵。石形落落,为人所

贱。'其训近之矣。"

【评述】

本章老子之学，按庄子说来是："建之以常无有，主之以太一，以濡弱谦下为表。"（引自魏源《老子本义》）所以魏源接着说："此章所谓得一者，即冲虚下盈之德，为其近乎无也；又以侯王自称孤寡不穀明之，为其近乎一也。夫天地万物皆有生于无，故天不自知其清，地不自知其宁，神不自知其灵，谷不自知其盈，万物不自知其生，则侯王亦不自知其贵高，明矣。不自知其清宁者，无心而运，无为而成也；不自知其为灵与盈者，寂而虚也；不自知为主者，自然也；不自知为贵高者，贱下也。寂，故灵虚，故盈；无心无为，故清宁；自然，故不期生而生；自贱自下，故为天下贞（正），此则得一之所致也。"（《老子本义》）

又因为老子著书，将以导世，所以本章后半部分专为侯王言，这也即如陈鼓应《老子注译及评介》说的："本章重点在讲侯王的得'道'，所以后半段提示侯王应体'道'的'下'、'贱'之特性。即是说为政者要能'处下'、'居后'、'谦卑'。"这种"谦卑""处下"在这里具体表现为如老子所言："是以侯王自称孤、寡、不穀"。而这自称"孤、寡、不穀"，目的是保持自己的在上统治。所以这种"谦下"有时又被人视为"人君南面之术"。

但不管怎么说，就思想领域而言，这些为官者是知道"贵以贱为本，高以下为基"的道理的，《淮南子·道应训》就记载着这样的事："狐丘丈人谓孙叔敖曰：'人有三怨，子知之乎？'孙叔敖曰：'何谓也？'对曰：'爵高者士妒之，官大者主恶之，禄厚者怨处之。'孙叔敖曰："吾爵益高，吾志益下；吾官益大，吾心益下；吾禄益厚，吾施益博。是以免三怨，可乎？"对此，《淮南子·道应训》将它归结为老子的"贵必以贱为本，高必以下为基"。反之，如谁真的以贵自高、以尊自处，不知致"一"之道，也就必会跌跟头、遇挫折的。

配以"道"之谦下卑弱，在本章还有"致数舆无舆"的道理，这实际上是《老子·三十章》"果而勿矜、果而勿骄"的另一种表述,也是《老子·七章》"后其身而身先"的另一种说法,其必然结果一定是"不欲琭琭如玉,(而宁)珞珞如石"。

四 十 章

【解题】

本章老子指出"道"的两个特点:第一是"反者,道之动",第二是"弱者,道之用"。老子又指出宇宙天地万物形成过程,道生天地,天地生万物。

反者,"道"之动①;弱者,"道"之用②。
天下万物生于"有"③,"有"生于"无"④。

【今译】

向着相反的方向变化,是"道"的运动;保持着柔弱的状态,是"道"的运用。

天下万物生于"有","有"生于看不见的"道"。

【注释】

①反:借为"返""复"。《周易·杂卦》:"复,反也",《老子·二十五章》:"吾不知其名,强字之曰'道',强为之名曰'大'。大曰逝,逝曰远,远曰反",又《老子·十六章》:"万物并作,吾以观复",即其证。故这里的"反"指"道"的去而复回的循环运动。另一说,反:相反、对立,如反正、长短、高下、贵贱、成败、贫富、难易、有无、前后,并各自向相反的一面转化,如《老子·五十八章》:"祸兮福之所倚,福兮祸之所伏","正复为奇,善复为妖"。　②弱:柔弱、柔和。弱者,道之用:高亨说:"道善利万物而不争,是以弱为用"(《老子正诂》)。　③有:指天地。

天地有形体,是万物之母,而天地由无形的"道"产生。　④无:指"道"。"道"无形体。

【评述】

本章老子以简省的文字表述了宇宙间辩证相应和万物间有无相生。

老子的辩证观念,首先表现在他所说的"反者,'道'之动"的"反"上,这在本章注释中已提到。对此张松如《老子说解》归纳为:"其'反'厥有二义:一者,正反之反,背反也,言违言离;二者,往反之反,回反(返)也,言遵言合。两义融贯,即正反而合。"陈鼓应《老子注译及评介》也说到:"'反者道之动'。在这里'反'字是歧义的:它可以作相反讲,又可以作返回讲(反与返通)。但在老子哲学中,这两种意义都被蕴涵了,它蕴涵了两个观念:相反对立与返本复初。这两个观念在老子哲学中都很重视的。老子认为自然界中事物的运动和变化莫不依循着某些规律,其中的一个总规律就是'反':事物向相反的方向运动发展;同时事物的运动发展总要返回到原来的基始的状态。"

然而,这还仅仅是学理上的,老子立言在于导世,这"反者,'道'之动"的提出,为的是用"反"("返")。表现在用"返"上,蒋锡昌《老子校诂》说:"宇宙历史演进愈久,则民智愈进,奸伪愈多,故去真亦愈远也",就在圣人离真愈远之时,老子认为"应自有为返至无为,自复杂返至简单,自巧智返至愚朴,自多欲返至寡欲,自文明返至鄙野",所以老子以后会有小国寡民的说法。

这用"返"还包括迷失于五花八门千奇百怪现象中的人要反求诸己、回头自省,返朴无欲虚静如婴儿般。

表现在用"反"上,老子首先是行事欲反,鉴于常人"欲先",老子却"后其身而身先"(《老子·七章》),鉴于常人径情直行,老子却"将欲取之,必固予之"。吴澄说:"老子言反者道之动,又谓玄德深矣远矣,于物反矣,其道大抵与世俗之见相反,故借此数者相反之事为譬,而归于柔弱胜刚强之旨。"(《道德真经注》)

其次是观念欲反，即如《淮南子·道应训》中提到的，为了防止别人妒之、恶之、怨之，自己就："吾爵益高，吾志益下；吾官益大，吾心益小；吾禄益厚，吾施益博"，所以老子说："贵以贱为本，高以下为基"。这种观念欲反还表现为："夫存者不以存为存，以其不忘亡也；安者不以安为安，以其不忘危也；故保其存者亡，不忘亡者存；安其位者危，不忘危者安。"（王弼《老子指略》）

老子这种用"反"还同样与世俗取向相反，服从于"道"的"卑谦""处下"原则。如高与下，必取下；贵与贱，必取贱；柔与刚，必取柔；弱与强，必取弱。于是这"用弱"也成其必然。这用"弱"又与老子观察自然水弱善胜，欲法自然必用其"弱"有关。而它（"弱"）直接标以虚柔静默退让，并辅之以俭慈，于是这样不伤于物，不伤于物则无往而不入，故虽"弱"却未必"弱"。所以老子说："柔弱胜刚强"。

接下去老子讲到"天下万物生于有，有生于无"。对此，蒋锡昌、张松如两位将这二句与前二句联系起来解释。张松如引蒋锡昌的话说："有即有名，无即无名。此言天下之物生于有名，而有名又生于无名也。天下之物生于有名，乃道动之向前进；有名生于无名，乃道动之向后返。二句文谊，正与首句相应。"张松如又接着说："蒋说是也……不过，如谓天下之物生于有名，乃道动之向前进，固可；如谓有名生于无名，乃道动之向后退，则未必。盖从无名中分化出有名，仍是向前进，同从有名中分化出万物来，还是同一方向；如谓从有名返诸无名，当然就可以说是道动之向后返了。此二句假如一定要同前二句相连属，那么，一则固然反映了'反者道之动'，二则也反映了'弱者道之用'。无名之于有名，有名之于万物，相对说来，皆处于更抽象、更少规定的地位，亦即属于较弱者的一方面。前后四句，内在联系是很密切的。"（《老子说解》）

而对"天下万物生于有，有生于无"，张松如直接作"有无相生"解释："天下万物都是永远运动着的一定的物质的运动形态，如以此形态为'有'，则在此一形态产生之前为'无'，在此一形态消灭之后亦为'无'。所以说有生于无，又复归于无。"（《老子说解》）

四 十 一 章

【解题】

本章老子承上章"反者,'道'之动"而讲到道和德与物相反十二事,如"明道若昧""建德若偷";再由道之微妙玄奥讲到各种人对"道"的理解与态度:"上士闻道勤而行之,中士闻道若存若亡,下士闻道大笑之。"最后老子讲到只有隐于无的"道"才能善辅万物。

上士闻道勤而行之①,中士闻道若存若亡,下士闻道大笑之。不笑不足以为道。故建言有之②:

明道若昧③,进道若退,夷道若纇④,上德若谷⑤,广德若不足,建德若偷⑥,质真若渝⑦,大白若辱⑧,大方若隅⑨,大器晚成,大音希声⑩,大象无形。

"道"隐无名⑪,夫唯"道",善贷且成⑫。

【今译】

上士听了"道",努力去实施;中士听了"道",将信将疑;下士听了"道",加以嘲笑。不被嘲笑反倒不足以成其为"道"。所以,自古以来就有这样的话:

明显的道好似黯昧,前进的道好似后退,平坦的道好似崎岖,崇高的德好似卑下的川谷,广大的德好似不足,刚健的德好似怠惰,质朴真纯好似污浊,最洁白的好似含垢,最方正的反没有棱角,最贵重的器物总是最后制成,最大的声音反而令人听不见,最大的形象反而使人看不见。

"道"幽隐而无名称。只有这样的"道"才善于施予万物,并使之完成。

【注释】

①勤:积极努力。　②建言:立言、设言。指有这样一种说法。高亨认为:"建言殆老子所称书名。《庄子·人间世篇》引法言,《鹖冠子·天权篇》引逸言,《鬼谷子·谋篇》引阴言,《汉书·艺文志》有谰言(班自注不知作者)。可证名书曰言,古人之通例也。"(《老子正诂》)但无法证明"建言"为书名。　③昧:黯,不明。　④夷:平坦。颣:《说文》:"颣,丝结也。"引申为不平之意。　⑤上:高也。谷:溪谷,喻指卑下。　⑥建德若偷:俞樾说:"建,当读为'健'……是'建'、'健'音同而义亦得通。'健德若偷',言刚健之德,反若偷惰。"(《老子平议》)故"建"通"健",偷与建相反,为怠惰。　⑦渝:《说文》:"渝,变污也。"⑧辱:黸。《玉篇》:"黸,垢黑也。""大白若辱":王弼本在"上德若谷"句下,然高亨说:"此句疑当在'大方无隅'句上。用'德'字诸句相依,其证一也。用'大'字诸句相依,其证二也。《庄子·寓言篇》引《老子》曰:'大白若辱,盛德若不足'。盖读者依《庄子》移此句,而不知《庄子》引《老子》固时有变动也。"故依高亨之说移置"大方若隅"句前。⑨隅:角。　⑩大:"有高妙之意。故大音、大声皆高妙之音声,《庄子》'大声不入于里耳',可证。"(高亨《老子注译》)希:读为稀,少的意思。⑪隐:幽隐不可见。　⑫贷:《说文》:"贷,施也。"

【评述】

上章老子讲"反者,'道'之动",本章老子接着讲这种相反事,所以吴澄说道:"此详言上章反者道之动也……建言有之以下十二事,皆道之与物相反者也。"这十二事就是本章中自"明道若昧"至"大象无形"的十二句古代成语,按魏源分为:"明道三句,言其体道也;上德五句,言其成德也;大方四句,又广喻以赞之。"(《老子本义》)

如同上述认为"反者，'道'之动"含有辩证法一样，这十二事也含有相当深刻的辩证法；若将"道"作道路之"道"解，这"明道若昧，进道若退，夷道若纇"的辩证法是：光明的前进大道在事物结局尚未揭晓之前总显得若昏若暗，在总方向上是前进的道路总有局部的倒退和曲折，总起来说是平坦的大道却有着局部的险阻和崎岖，这样就使人们在认识和行动上带有"若昧""若退"和"若纇"。

若将"道"作本体之"道"解，其中的关系就如李嘉谟所言："明道者自明，非光之明，外不得而见，故若昧；进道者自进，非力之进，外不得而知，故若退；大白不污其性，苟性不污，和其尘可也，故若辱；广德必有见于大，苟见于大，虽欲使之止，不可得也，故若不足；建德者内立自性则接物必简，故若惰。"（引自魏源《老子本义》）

因为"道"外不得见又不得知，非廉隅可得能察，也非声音可得而知，更非形器可得而执，所以在微彰之间的人闻"道"是将信将疑的，而只信其所闻、役其所见，知彰不知微的人闻"道"是大笑并非之，只有知微知彰的人闻"道"才"勤而行之"。然而，就是这种与常实相反并隐于无的"道"能推其贷物，而物无不赖之以曲成，所以老子讲到"不笑不足以为道"，"'道'隐无名"唯道"善贷且成"。

如将这种与常实相反的"道"用于实际生活，就会出现如古语所说的："良贾深藏若虚，君子盛德容貌若愚。"这"良贾深藏若虚"实际上是一种保身手段、延生方法，这尤如为保其种延其嗣的昆虫变色、鸟兽隐文一样。由此再返到《老子》本章，这"上德若谷，广德若不足"也同样是喻说有德者不可突兀超群，广德者不可气象盛凌，唯有这样才能自保。

四 十 二 章

【解题】

本章老子承上章唯道"善贷且成"而讲道生万物；老子又承上述"弱者，'道'之用"而讲损弱原则。

"道"生一①，一生二②，二生三③，三生万物。万物负阴而抱阳④，冲气以为和⑤。

人之所恶，唯孤、寡、不穀⑥，而王公以为称。故物或损之而益，或益之而损。人之所教，我亦教之。强梁者不得其死⑦，吾将以为教父⑧。

【今译】

"道"就是太一，太一禀赋阴阳两气，阴阳两气相交会和成一种适匀的状态，万物就是在这种状态中产生的。万物负阴而抱阳，阴阳两气互相激荡而成新的和谐物。

人们所厌恶的就是这些"孤""寡""不穀"，而侯王们却以这些字眼来称呼他们自己。所以，一切事物，有时减损它，它反而得到增加；有时增加它，它反而得到减损。别人教导我的，我也用来教导别人：强暴的人不得好死。我把这事例作为施教的头一条。

【注释】

①道生一：徐梵澄说："道生一，谓'道'，一而已，非另有某物曰

'一'者自道而生也。"(《老子臆解》)《经典释文》:"惟初太始,道立于一,造分天地,化成万物",可知"道"就是"一"。高亨说:《庄子·天下篇》述老聃之术曰:'主之以太一',太一与此一、道同。太一即大一,亦即大道。"(《老子注译》)此处采高亨之说。　②二:指阴、阳两气。③三:阴阳两气相交会和形成一种和谐状态(参见陈鼓应《老子注译及评介》)。　④负:背。阴:阴气。抱:在前面、胸前。阳:阳气。万物负阴而抱阳:吕吉甫说:"凡幽而不测者,阴也;明而可见者,阳也。有生者,莫不背于幽而不测之阴,向于明而可见之阳,故曰:万物负阴而抱阳。"　⑤冲:《说文》:"冲,涌摇也。"为:《广雅·释诂》:"为,成也。"冲气以为和:"阴阳两气互相交冲而成均调和谐状态"(陈鼓应《老子注译及评介》)。　⑥孤、寡、不穀:参见三十九章注释。　⑦强梁:叠韵连绵字(高亨语),《庄子·山木篇》:"从其强梁"。释文:"强梁,多力也。"⑧以:用作。父:《方言》六:"凡尊老,南楚谓之父",是老人的通称。这里的"父",指一家之首、一家之头。

【评述】

本章如张尔岐所言:"此章承上章'夫惟道善贷且成'而言。道生一,一生二;无名,天地之始也。二生三,三生万物;有名,万物之母也。一谓气,二谓阴与阳,三谓阴与阳会和之气,即所谓冲气也。万物负阴而抱阳,冲气以为和,即申说三生万物也。"(《老子说略》)对此,陈鼓应解释说:"本章为老子宇宙生成论。这里所说的'一'、'二'、'三'乃是指'道'创生万物时的活动历程。'混而为一'的'道',对于杂多的现象来说,它是独立无偶的,绝对对待的,老子用'一'来形容'道'向下落实一层的未分状态。浑沦不分的'道',实已禀赋阴阳两气;《易经》所说一阴一阳之谓'道';'二'就是指'道'所禀赋的阴阳两气,而这阴阳两气便是构成万物最基本的原质。'道'再向下落渐趋于分化,则阴阳两气的活动亦渐趋于频繁。'三'应是指阴阳两气互相激荡而形成的适均状态,每个新的和谐体就在这种状态中产生。"(《老子注译及评介》)

本章的后半部分则如吴澄所言:"此详言弱者道之用也……此言

道所以弱而动之由也。"而对"道所以弱而动之由",魏源认为全在冲气为和,所以他在《老子本义》中说到:"此章原弱所以为道之用者,全在冲气为和一言。盖冲和之气未有不柔弱者……故万物之生,必常不失此冲和之气而后得天之生道,反是则死道矣。"

这冲和之气于人来说,大概就是要养得气柔、气顺、心平气和、专气致柔如婴儿,这样既能养性又养生,并能致长寿;反之如养得粗暴乖戾不和之气,则人虽坚强,但却不易养性也难致长寿。在这意义上说:柔弱胜刚强;也在这个意义上,老子强调"弱者,'道'之用"。

于是老子又以"孤""寡""不穀"来喻说体道者是"损之而益",而强梁者却是"益之而损",故不得好死。老子认为此道理自古就有,非己所出,所以说:"人之所教,吾亦教之",而这"人之所教"大概就是指《易》之《益》卦的"损上益下,民说无疆"。

四 十 三 章

【解题】

本章老子进一步讲"柔弱胜刚强",主张"守柔";并进一步阐述无为之益,主张"无为"。

天下之至柔①,驰骋天下之至坚②。无有入无间③,吾是以知无为之有益。

不言之教,无为之益,天下希及之④。

【今译】

天下最柔弱的东西,能穿越于最坚硬的东西中。这个看不见的力量能渗透穿越没有间隙的东西。我因此知道"无为"的益处。"不言"的教导,"无为"的益处,普天下少有能够做得到的。

【注释】

①至柔:最柔弱。 ②驰骋:驰驱,形容马的奔跑、穿越。 ③无有:指看不见形象的东西(一种力量)。高亨则认为:"'无有'当作'无为',乃后人误改。'无为入于无间',是说无为的政治都达到无间隙之处,即无为而无不为之意。下文:'吾是以知无为之有益'。即承接此'无为'而说,便是明证。"(《老子注译》)此说亦可通。无间:没有间隙。④希:傅奕本作"稀"。希,稀,指少的意思。及:做得到。

【评述】

本章老子既讲"至柔",又讲"无为"。这"至柔",王弼认为如"气"和"水",他在《老子·四十三章注》中说:"气无所不入,水无所不经。"所以以后《老子·七十八章》就讲到:"天下莫柔弱于水,而功坚强者莫之能胜。"也因为这样,老子认为这"至柔"的东西实际上能渗透进入没有任何间隙的事与物中,这就是老子说的"驰骋天下之至坚""无有入无间"。

以后《淮南子·道应训》对此作这样的应对:"罔两(水之精物也)问于景(日月水光晷也):'昭昭者,神明也?'景曰:'非也。'罔两曰:'子何以知之?'景曰:'扶桑受谢,日照宇宙,昭昭之光,辉烛四海。阖户塞牖,则无由入矣。若神明,四通并流,无所不及,上际于天,下蟠于地,化育万物而不可为象,俛仰之间而抚四海之外。昭昭何足以明之!'故老子曰:'天下之至柔,驰骋天下之至坚。'光耀问于无有(无有至虚)曰:'子果有乎?其果无有乎?'无有弗应也。光耀不得问而就视其状貌,冥然忽然,视之不见其形,听之不闻其声,搏之不可得,望之不可极也。光耀曰:'贵矣哉,孰能至于此乎!予能有无矣,未能无无也。及其为无无,又何从至于此哉!'故老子曰:'无有入于无间,吾是以知无为之有益也。'"这就是说,凡"至虚""至无""至柔""至弱"者,是无所不及、无所不在的,故也能"驰骋天下之至坚",也是"功坚强莫之能胜"的。因此老子一贯守柔用弱,这照王力说来:"老子实践之道以守柔为最要,故曰:'弱者道之用';达用则处世无碍矣。"(《老子研究》第五章《道用》第一节《守柔》)

由此推向人生社会,你要"驰骋天下之至坚",就必须守柔用弱。反过来,你要不被驰骋驱使,就不能有隙(有间);因为有隙,他人就会乘隙(间),或激其所怒,或投其所好,因而为他人所驱使。唐宦官仇士良就将这理论用至极至、极歪,他对其党徒说:"天子不可令闲,日以奢靡娱其耳目,无暇更及他事。"无暇(无间、无空隙)就无法读书亲儒生、无法上朝理政事,仇士良就可保持权势。反过来说,天子也因为有这奢靡娱乐之间隙才会造成这种宦官之祸。所以要想不被驰骋驱使,就必须无间无隙,这无间无隙照高亨说来是"无为""无欲"。设想唐朝天子如无为、无奢靡娱乐之欲,这仇士良能有隙可乘吗?所以王夫之在《读通鉴论》卷二十六《武宗》二中讲到仇士良这"令天子无暇更及他事",是"知其所以殴中材之主入于其阱而不得出者,唯以至柔之道縻系之,因而驰骋之……老氏曰:'天下之至柔,驰骋天下之至刚。'此女人小人滔天之恶,所挟以为藏身之固者也。"

那么,怎样"无为""无欲"呢?《老子》其他章节已讲到不少,而下章的内容就是围绕"无为""无欲"展开的。

四十四章

【解题】

本章是老子的人生观。老子针对社会"贪夫殉财,烈士殉名"这一俗人常情,提出:生命比名利更可贵,爱财藏财必启争招盗,只有知足和知止才能免却祸害。

名与身孰亲? 身与货孰多①? 得与亡孰病②?

甚爱必大费③;多藏必厚亡④。

故知足不辱,知止不殆⑤,可以长久。

【今译】

名誉与生命比起来哪个亲切? 生命与财产比起来哪个重要? 得到与失去哪个有害?

过分的珍爱必致更多的耗费;丰厚的藏货必招惨重的损失。

所以,知道满足就不会遭到困辱,知道适可而止就不会遇到危险,这样才可以保持长久。

【注释】

①身:指生命。多:不是多少的"多",而是指贵重的"重",如《说文》:"多,重也"。孰:哪个。 ②亡:失。病,犹害也。 ③甚爱:过分珍爱、爱惜。费:耗费、破费。厚亡:惨重的损失。 ④止:停止。殆:危害、危险。

【评述】

本章老子用另一种方式阐述他的"见素抱朴，少私寡欲"。鉴于社会"贪夫殉财，烈士殉名"，知有名利不知有身（生命）的俗人之常情，老子劈头提醒人们"抑思身与名货孰亲孰多乎？"（张尔岐《老子说略》）。在老子看来，知有名利不知有身，忽视生命价值而去追逐利，无疑是像以隋侯之珠弹千仞之雀，将轻重、疏亲关系完全颠倒。

然而，常人之情并不因为老子发问而意识到这点，还是不停地追名逐利。这种追名逐利近乎不通人情，如明高濂就讲到人对物的积累和多藏："人生时，父母妻子，屋宅田园，牛羊车马以至微细等物，不问大小，或祖传于己，或自己营为，或子孙或他人为己积累而得，色色无非己物。且如窗纸虽微，被人扯破，犹有怒心；一针虽小，被人将去，犹有吝意。仓箱既盈，心犹不足，举眼动步，无非着爱。一宿在外，已念其家；一仆未归，已忧其失。种种事物，无不挂怀。"（《遵生八笺·清修妙论笺下》）

而到了这等地步又怎么样呢？艰辛收贮起来的财物不是被儿孙败光，就是招人偷盗，有时甚至还会连自己的命都会搭上。这就是张尔岐说的："甚爱启争，多藏海盗。"也即如老子所言："甚爱必大费，多藏必厚亡。"所以，人要知道"名之为身累，货之为身贼"。尤其自己大限一到，尽皆抛去，就连此身也如弃物，静而思之，恍如一梦。

于是看破尘世的人就产生了"知足论"。这样会使人能生前活得心平气和，心安理得，不会辱于生前、殆于没世，这照高濂说来："足则无日而不自足"，"能受一命荣，窃升丰禄，便当谓足于功名；敝裘短褐，粝食菜羹，便当谓足于衣食；竹篱茅舍，荜窦蓬窗，便当谓足于安居；藤杖芒鞋，蹇驴短棹，便当谓足于骑乘"（《遵生八笺·起居安乐笺》），可谓知足常足。有了这种思想，即使做不到多藏散物、甚爱物通，损有余以补不足，但至少可以不必进一步持满，进一步多藏，到此为止，即如老子所言："知止"，不求进亦不期退。

但是，置名誉货利不顾、得失荣辱不动心、近乎无为、看穿尘世的人到底是少之又少,且社会文明进步以人之不知止足为前提,于是上述矛盾也总是存在。那么怎样才能做到既多藏又不亡,既甚爱又不费呢？徐梵澄有他新的解释："甚爱者,不爱己而爱人；多藏者,不藏于己而藏于民。一宅而寓于无私,则亦无所费而无所亡。"(《老子臆解》)

四 十 五 章

【解题】

本章老子承四十一章之后,继续讲述相成相反的辩证观点。老子指出有些事物实质上是"大成""大盈""大直""大巧""大辩""大赢",但表现出的现象却又是"缺""冲""屈""拙""讷""绌";表现现象与实质内容完全相反。最后老子指出"阳之躁胜阴之寒,阴之静胜阳之热",认为此也是相成相反。要使天下正,唯有行"清静"。

大成若缺^①,其用不弊^②。大盈若冲^③,其用不穷。大直若屈^④,大巧若拙,大辩若讷^⑤,大赢若绌^⑥。

躁胜寒^⑦,静胜热。清静为天下正^⑧。

【今译】

最完美的东西好似欠缺,但它的作用不会衰竭。最充盈的东西好似空虚,但它的作用不会穷尽。最正直的东西好似弯曲,最灵巧的东西好似笨拙,最好的口才好似不善辩说,最大的赢利好似亏本。

活动可以战胜寒冷,安静能够克服炎热。清静无为可以做天下的首领。

【注释】

①大成:最完美的东西。 ②弊:帛书甲乙本均作"敝"。"弊""敝"通,有破败、衰竭、衰败的意思。 ③冲:虚、空。 ④屈:曲。 ⑤讷:《说文》:"讷,言难也",即不善说话。 ⑥大赢若绌:王弼本无,

帛书乙本作"大赢如绌"。"如"为"若"。今据帛书乙本补上。赢:《说文》:"赢,贾有余利也。"绌:读为黜。《广雅·释诂》:"黜,减也。"赢为得利、获利,绌为减损、亏本。 ⑦躁:《说文》作"趮",急走叫"趮"。"天冷时,跑跑跳跳可以不冷,与下文'静胜热'对照。"(任继愈《老子新译》) ⑧清静:指无欲无为。正:《尔雅·释诂》:"正,长也",通"贞""政",引申为政治上的首长、首领。

【评述】

本章老子继续讲述前章屡见的相成相反的辩证道理。

通常人们总以"成"为"成",以"盈"为"盈";还通常认为如"缺"则不成,如"冲"则不盈。然而老子却"反者,'道'之动",将此统一起来,形成这些相反却相成的命题:"大成若缺,大盈若冲……",使这些命题具有了深刻的辩证思想。这即如任继愈《老子新译》说的:"老子认为有些事物表面看来是一种情况,实质上却又是一种情况。表面情况和实际情况有时完全相反。"

由此,可以引出两个相关的辩证内容:

第一,由于老子揭示出事物的"表面情况与实际情况有时完全相反",说明老子已接触到事物的本质与现象(假象)的关系,事物的本质有时以假象曲折地反映出来,如实质是"大成",却以"若缺"的现象(假象)表现出来。诸如"大盈若冲,大直若屈,大巧若拙,大辩若讷"均为如此。由此引申到通常说的"大智若愚"也是如此;再由此引申到人的问题,也有这种"表面情况与实际情况完全相反"的状况,如诸葛亮在《知人性》中讲到:"人之性,美恶既殊,情貌不一,有温良而为诈者,有外恭而内自欺者,有外勇而内怯者,有尽力而不忠者";也如《刘子·心隐篇》中讲的:"有心刚而色柔,容壮而质弱,貌愿而行慢,性懁而事缓",还有"藏情隐行"的"喜不必爱,怒不必憎,笑不必乐,泣不必哀"的。诸如这些还被刘劭在《人物志》中列举出一系列人的似是而非的"七似"。这样就给人带来知人识人上的困难。好在由于老子揭示出这些事物表面情况与事物实质情况相反的道理，并贡献出这一系列像"大成若缺，大盈若冲，大直如屈"的辩证命题，这样就给人提供了一种认识人的方法，那就是：其人"若愚"，但无其他特别的愚状憨态，那么其人说不定是个"大智者"；其人"似忠"，却要防止他是个"大奸者"；其人"似信"，却要防止他是个"大骗子"；其人"色柔"，说不定是个"心刚者"；其人"外勇"，说不定是个"内怯者"；其人"温良谦恭"，说不定是个"为诈作奸者"……诸如此类，人在认识人时作多方长期的考察思虑，那么对人的认识也就会十不离八九，即使王莽谦恭下士，也能识他个真伪，不致造成以后的结局。

第二，由于老子将完全相反（对立）的东西（如冲与盈）统一起来，说明老子能善于运用矛盾对立原则，注意设置对立面，这样在老子看来能做到"其用不弊""其用不穷"，这照徐大椿说来："凡事相反则能相制。如人躁甚则虽寒亦不觉，而足以胜寒；心静则虽热亦不觉，而足以胜热。"（引自奚侗《老子集解》）由此推到人事社会，"则天下纷纷纭纭，若我用智术以相逐，则愈乱而不可理矣；惟以清静处之则无为而自化，亦如静之胜热矣"（同上）。所以老子会说到："清静为天下正。"

再由此推向上述各个相反相成的命题，既然"静胜热"，所以这缺也必定胜成，冲也必定胜盈，屈也必定胜直，拙讷也必定胜巧辩，这恐怕就是《老子》本章的原意。

四 十 六 章

【解题】

本章老子继三十、三十一章之后,再阐述他的战争军事思想。老子在反战的同时,指出战争的起因在于人的贪得无厌、不知止足,结果造成侵略国土、掠夺财物、伤害人命,给社会带来极大的灾难。

天下有道,却走马以粪①。天下无道,戎马生于郊②。

祸莫大于不知足;咎莫大于欲得③。故知足之足,常足矣④。

【今译】

国家政治上轨道,就会把战马用于农田耕种。国家政治不上轨道,就会连怀胎的母马也被用于作战。

灾祸没有过于不知足的了;罪过没有过于贪得无厌的了。所以,知道满足的,永远是满足的。

【注释】

①却:退回。走马:指善奔跑的战马。粪:王弼注:“以治田粪也。”傅奕本“粪”作“播”,谓播种耕田。“播”“粪”两字通用。故高亨说:“此言天下有道,干戈不兴,走马不用于军而用于田。”(《老子正诂》) ②戎马:战马。生于郊:指母马产仔于战地的郊野。“天下无道,戎马生于郊”:据《韩非子·解老》说,长期战争,可征用上战场的公马不够用,就连怀胎的母马也被征用推上战场,以致母马在战场上生

下小马。　③咎:过失、罪过。《说文》:"咎,灾也。"　④足:满足。

【评述】

本章老子继续言兵当弭。为了反战,老子继上述讲到"师之所处,荆棘生焉。大军过后,必有凶年"后,又一次提到战争的残酷相:"天下无道,戎马生于郊。"对此,《盐铁论·未通篇》作了实例说明:"闻往者未伐胡、越之时,繇赋省而民富足;温衣饱食,藏新食陈;布帛充用,牛马成群;农夫以马耕载而民莫不骑乘。当此之时,却走马以粪。其后师旅数发,戎马不足,牸牝入阵,故驹犊生于战地,六畜不育于家,五谷不殖于野,民不足于糟糠。"

由本章老子言兵当弭,说明老子所处春秋之世兵祸连结,征伐无休;莒、邾、鄑、杞等国之间的兵刃相见所造成的掠牛马俘人民、凶年不断、野草丛生、戎马生于郊等,必为老子亲眼所见。所以老子才能刻画出这些战争惨相和提出弭兵反战观念。

除此之外,老子还进一步揭示出战争的起因,即战争侵略者的贪得无厌、野心勃勃;欲称霸富足,故野心因之而起,战乱也由此而生,所以老子说:"祸莫大于不知足,咎莫过于欲得。"

但接下来老子又认为只要知足,不贪求什么,满足于现状,这战争就不会发生,即"知足之足,常足矣",这就显得有些唯心了。所以胡寄窗先生指出:"老子学派把知足看得非常重要,以为知足可以决定人们的荣辱、生存、祸福……不仅此也,他们并将知足作为从主观上分辨贫富的标准。如知足,则虽客观财富不多而主观上亦可自认为富有,'知足者富'、'富莫大于知足'。因为知'足'之所以为足,则常足矣,常足当然可以看作是富裕。反之,客观财富虽多,由于主观的不知足,贪得无厌,能酿成极大的祸害。从这里可以看出老子的财富决定于主观的知足与不知足,亦即决定于'欲不欲',所以带有唯心主义色彩。"(《中国经济思想史》上)

然而,"不见可欲,使心不乱",修身养性者讲的就是这套。所以明吕坤就在《呻吟语·存心》中讲到:"'不见可欲,使心不乱',此是闭目塞耳之学。"人就要做到即使满目美色、满耳淫声,也不能使之侵入镜内(心)、留于镜中(心);由"可欲"推到"可怖、可惊、可怒、可惑、可恨、可忧"之事均作如此操作,如能把持得住则为圣贤。这些是由本章"知足之足常足"所引出的余论。

四 十 七 章

【解题】

本章为老子的认识论。老子认为人的智性能达到"不出户,知天下;不阒牖,见天道"的程度;而有这种认知能力的人就能"不行而知,不见而明,不为而成"。

不出户,知天下;不阒牖①,见天道。其出弥远②,其知弥少。

是以圣人不行而知,不见而明③,不为而成。

【今译】

不出门外,能知天下事;不望窗外,能认识天道。越向外竞逐,知道得越少。

所以,有道者不必经历就能推知,不必亲见就能明晓,不必作为就能成功。

【注释】

①阒:傅奕本作"窥"。"窥""阒"相通,指看、望的意思。牖:窗。②弥:越。 ③不见而明:王弼本"明"作"名",故蒋锡昌说:"'名'、'明'古虽相通,然《老子》作'明'不作'名'。二十一章,'不自见,故明'。五十二章,'见小曰明',皆'见'、'明'连言,均其证也。此当据张本改"。(《老子校诂》)张嗣成本作"明"。

【评述】

本章为老子认识论,老子提出要"知天下,见天道"。因为天地不可形尽,非目力足力所能及,所以老子不满足于感官耳目、知性经验,而强调人的心智作用和至灵至明的智性能力,认为只有这样才能观其大有,得其大全。这就如徐梵澄《老子臆解》中所说的:"人之智性,本至灵至明,不囿于耳目之知者也……识之知浅,智之知深,明则灵且大矣。识之知,见闻之类也;智之知,思虑之谓也。明则超乎见闻、思虑。"

那么怎样才能形成这种至灵至明的智性能力呢?徐梵澄说:"精神不溢于外,返观内省,一归于恬愉虚静,久乃发其本有之灵明,则可以知者大。"(《老子臆解》)陈鼓应说:"透过自我修养的工夫,作内观返照,净化欲念,清除心灵的蔽障,以本明的智慧、虚静的心境,去览照外物,去了解外物运行的规律。"(《老子注译及评介》)

诸如这些,大概均源于理学家所说的"天地间真滋味,惟静者能尝得出;天地间真情景,惟静者能题得破"(明吕坤《呻吟语·存心》)。也即如明高濂所说:"心静可以通乎神明,事未至而先知,是'不出户知天下,不窥牖见天道'也。"(《遵生八笺·清修妙论笺上》)更即如庄子所言:"以恬养知(智)。"(《庄子·缮性篇》)

而净化欲念,清除蔽障,归于虚静也真能增神明。清纪昀说:"余五六岁时夜中能见物,与昼无异,七八岁后渐昏暗,十岁后遂全无睹","盖嗜欲日增则神明日减耳"(《阅微草堂笔记》卷十四)。反之如能嗜欲日减则神明日增。

有了这些至灵至明的智性能力,在老子看来就能"不行而知,不见而明,不为而成",所以邵雍能闻杜鹃声而知天下事(《邵氏闻见录》卷十九)、董仲道能见苍白两鹅而知国讳(《世说新语》转引王隐《晋书》)……诸如这些,除有赖于至灵至明的智性敏悟外,恐怕还有赖于这些人头脑中沉淀下来的物候征兆、历史知识等,所以能"不出户,知天下;不窥牖,见天道"。

四 十 八 章

【解题】

本章老子认为与"为学"求知需要日益积累相反的是，"为道"则要"日损"：去妄，以至达到无为而无不为的地步，这样万民才能各得其生、各得其养，无战争动乱而足以统一天下。

为学日益①，为道日损②。损之又损，以至于无为。

无为而无不为。取天下常以无事③，及其有事④，不足以取天下。

【今译】

求学一天比一天增加(知识)，为道一天比一天减少(妄为)。减少又减少，一直到"无为"的境地。

如能"无为"，那就没有什么事情做不成的。治理天下就要清静无事，不过分干扰民众；政事苛繁，就不配治理掌握天下。

【注释】

①学：河上公注："学，谓政教、礼乐之学也。"日益：河上公注："日益者，情欲文饰，日以益多。"为学日益：陈鼓应说："为学是指探求外物的知识活动。这里的'为学'，范围较狭，仅指对于仁义圣智礼法的追求。这些学问是能增加人的知见与智巧的。"(《老子注译及评介》)

②道：指自然之道(河上公《老子道德经河上公章句》)。日损：指日以消损情欲妄为。 ③取：河上公注："取，治也。"蒋锡昌说："《广雅·释

诂》:'取,为也。'《国语》二十四:'疾不可为也。'韦解:'为,治也。'是
'取'与'为'通,'为'与'治'通。故河上公云:'取,治也。'"(《老子校
诂》)无事:无为。 ④有事:犹有为。及:犹若也(高亨《老子正诂》)。

【评述】

本章之旨,是言"无为无不为"。吴澄《道德真经注》说:"因言无为
无不为之旨,故云即古之取天下者,只是无为盛德而人自归之;必用智
力而有作为,何足以取天下哉?"

那么,怎样才能达到这种"无为"境界呢? 老子提出"为学日益,为
道日损"。对此,河上公《老子道德经河上公章句》说:"学谓政教礼乐
之学也。日益者,情欲文饰日以益多。道谓自然之道也。日损者,情
欲文饰日以消损。"这就是说,这些"政教礼乐之学"足以产生智巧情
欲,并以智巧情欲日益增加为目的,而这种情欲智巧日益增加则天下
必定生事扰攘,戎马仓皇,干戈相见。

所以,老子要人走"为道"的道路,以"情欲"日损为目的,以致达到
"无为"、真纯朴质的境地,这样就能起到"无为而无不为"的效果,万民
各得其所,各得其养,无战争亦无动乱,以此为政则足以统天下。

四 十 九 章

【解题】

　　本章老子继续上章讲他的政治观。老子提出以百姓的心为心,以善心、诚心对待所有人,使百姓都归心于善良诚实;并强调以不分彼此的浑然之心去治理天下。

　　圣人常无心①,以百姓心为心②。

　　善者,吾善之;不善者,吾亦善之;德善③。

　　信者,吾信之;不信者,吾亦信之;德信。

　　圣人在天下,歙歙焉④,为天下浑其心⑤,百姓皆注其耳目⑥,圣人皆孩之⑦。

【今译】

　　圣人没有私心,以百姓的心为心。

　　善良的人,我以善良对待之;不善良的人,我也以善良对待之;这样就可使人同归于善良。

　　诚实的人,我以诚实对待之;不诚实的人,我也以诚实对待之;这样就可使人同归于诚实。

　　圣人为政于天下,将收敛自己的意欲,使人心思化归于浑朴纯真,百姓们都专注他们自己的耳目,而圣人就要使他们能回复到婴孩般真纯的状态。

【注释】

①常：帛书甲乙本作"恒"。"常""恒"相通，指不变、固定。常无心：王弼本作"无常心"，据帛书乙本改。河上公注："圣人重改更，贵因循，若自'无心'。"　②百姓：民众。　③德：傅奕本作"得"。"德""得"古通用。这里的"德"作"品德"解。　④歙：读为翕，范应元说："歙，音吸，收敛也。"（《老子道德经古本集注》）　⑤浑其心：陈鼓应说："使人心思化归于浑朴。"（《老子注译及评介》）　⑥百姓皆注其耳目：明代释德清说："百姓皆注其耳目者，谓注目而视，倾耳而听，司其是非之昭昭。"（《老子道德经解》）　⑦圣人皆孩之：王弼说："皆使和而无欲，如婴儿也。"（《老子·四十九章注》）

【评述】

本章老子一承上述"常善救人"而继续表达"无弃人"的思想和情怀；二承上述"无为无不为"而具体讲到圣人以百姓之心为心去治理天下的办法。

对于"常善救人"，老子此处提出"善者吾善之，不善者吾亦善之"。老子知道：人非生而性善，也非皆善，人生有不齐，品有高低，质有殊异。所以，善者，我当以善待之，但当不善者，我却千万不能以不善待之。如以不善待之，第一如朱熹讲来，说明"自家心术已自坏了"（《朱子语类》卷一三〇《本朝四·自熙宁至靖康用人》）；第二则有彰恶助恶之嫌，因为一旦彰恶，这恶如蔓枝滋生，披靡而不可止，这就如东汉孔融所认为的对不轨之行、万恶之事只能隐忍而不可彰显，一彰显非但无法抑遏这恶，反而使不少人跟着学坏（《后汉书·孔融传》）。所以，对不善者只能以善待之；这以善待之既可使平民在这扬善流风中不知不觉而被潜移默化，视上倡导善而行善，也可使极恶凶顽之徒、刁诈狡猾之贼无法继续行恶。所谓扬善，"天下之善皆归之"是也。

而一旦"天下之善皆归之"，这人也就皆可为尧舜，老子"常善救人，故无弃人"也就能得以实现。但这实际上是不太可能的，故老子这种"常善救人,故无弃人""不善者吾亦善之"只是一种人道主义及理想主义的表现而已。

对于"无为无不为",老子本章提出"圣人常无心,以百姓心为心","圣人在天下,歙歙焉"。这"圣人在天下,歙歙焉","正形容在治天下时,极力消去自己的意志,不使自己的意志伸长出来作主"(徐复观《中国人性论史》),以百姓心为心,无偏私亦无好恶是非,大公无私,以不分彼此厚薄的浑然之心去治理天下。因为圣人心无所主,意无所导,"为天下浑其心",所以平民百姓中就不会出现刻意追求和有意撤避的现象,更无响应之字眼;无应、无避、无追求,人就不会饰伪用智任机巧,社会就不会出现相应的诸多争讼法网与刑罚,万物也就不会失其自然,百姓也就不会手足无措,于是皆归纯朴如婴儿。

然而这同样难行又难为,所以尽管老子不停讲"无为",但这社会却到处是"有为",这令历代"老子"难堪。

五　十　章

【解题】

本章老子讲"摄生"之道。老子"摄生"是想达到"陆行不遇兕虎，入军不被甲兵"的"无死"境地。老子同时还指出：违反"摄生"之道的表现主要是"生生之厚"。

出生入死①。生之徒②，十有三③；死之徒④，十有三；人之生，动之于死地⑤，亦十有三。

夫何故？以其生生之厚⑥。盖闻善摄生者⑦，陆行不遇兕虎⑧，入军不被甲兵⑨；兕无所投其角，虎无所用其爪，兵无所容其刃⑩。夫何故？以其无死地。

【今译】

离开了生存必然走向死亡。人当中，属于长寿的，占十分之三；属于短命的，占十分之三；还有十分之三的人原本可以长寿的，但不自保持而自蹈死地。

这是为什么呢？这是因为过分考虑生存之事。曾听说善于保护生命的人，在陆地行走不会遇到犀牛和老虎，在战争中不会遭到杀伤；犀牛用不上它的角，老虎用不上它的爪，兵器用不上它的刃。这是什么缘故？因为他没有进入到死亡的境地。

【注释】

　　①出生入死:指人离开了生存就必然走向死亡,如王弼说:"出生地,入死地"。这里的"出生入死"与我们通常讲冒生命危险、不顾个人安危的"出生入死"不一样。　②徒:类、属的意思。生之徒:蒋锡昌说:"长寿之类"(《老子校诂》)。　③十有三:一说四肢九窍为十三(如韩非),一说七情六欲为十三(如高亨),一说十分有三分(如王弼)。现取王弼。十分有三分,犹十分之三、三分之一,也犹通常说的"占三成"。　④死之徒:蒋锡昌说:"短命之类"(《老子校诂》)。　⑤人之生,动之于死地:高延第说:"动而之死者,谓得天本厚,可以久生,而不自保持,自蹈死地。"(《老子证义》)　⑥生生:"犹养生也。按养生所以求福,今反得祸,是违反自然之道也。"(高亨《老子注译》)　⑦盖:起语词。摄:《说文》:"摄,引持也。"这里指调摄、护养。摄生:养生保命。　⑧陆:帛书甲乙本作"陵",指山地丘陵。兕:兽名,指犀,形状似牛,青色,有角。　⑨被:受也。遇、被皆为受动词(蒋锡昌《老子校诂》)。　⑩容:用。

【评述】

本章老子讲"摄生之道"。

人于天地间,出乎生、入乎死乃常然之理。一般说来,生于天地间的人理应取生道而舍死道,但人却往往舍其生而取其死:以忧思嗜欲损其内、以风寒暑湿侵其外的大有人在,不知避兵争刑诛的也大有人在,这就是老子说的:"死之徒,十有三;人之生,动之于死地,亦十有三"。这说明这类人所占的比例还是相当大的。

老子向往、提倡的是人之全生长寿,反对的是人之中途夭折。那么为什么会有如此多的死之徒,究其原因,老子认为是人"以其生生之厚"。这种"生生之厚",按高延第、陈鼓应的说法是"谓富贵之人,厚自奉养","酒肉餍饱,奢侈淫佚"(均见陈鼓应《老子注译及评介》),所以反而"无生"(王弼语)。但这还仅仅是"生生之厚"的一层意思。"生生之厚"的另一层意思是,人不能过分就"生"而考虑"生",如就"生"而考虑"生"还是不能长寿全生的。反过来说,养生不仅仅是就"生"而"养生"的问题,这就是列子所说的"生非贵之所能存,身非爱之所能厚",也就是王弼所说的:"善摄生者,无以生为生",这用现在的话来讲,长寿全生不仅仅是个体养生得法的问题,同样还是一个社会的问题。如就"生"而"养生",不考虑"生"之其他因素,这就如同人之饮水,只考虑饮用以净水器过滤的水而不考虑外界的水之污染这一本体问题一样,最终难以长寿全生。

而这种不考虑本体的养生观,老子是不取的。老子要的"摄生",是要考虑营造一个"无死地"的根本养生环境。所以老子指出"陆行不遇兕虎,入军不被甲兵"尽管好,但不如有一个根本的"兕无所投其角,虎无所用其爪,兵无所容其刃"的环境。这样,"无死地"也就少"死之徒";人死于"兵戈"、害于"兕虎"的机会越少,也就是中途夭折者越少,长寿全生者越多。

于是这样也就回到老子的"道"上来了。陈懿典说:"无死地者,盖知'道'者,必达于理。"(引自魏源《老子本义》)这老子的"道"与"理",就是社会个体清静无欲无争,社会政治无为而治,无兵事也少刑诛,反过来人也就少忧虑无恐怖不焦急,心神安宁,再配以合乎自然的饮食睡眠等生活习惯和无污染的水、空气,这人岂能不长寿?又哪来的中途夭折?这就是老子想营造的"无死地"养生环境,也即是老子"摄生之道"的一个重要方面。

五 十 一 章

【解题】

本章老子再一次论"道"。老子认为"道"以"无为"的方式养育万物,成就万物,覆盖万物。但"道"并不自以为对万物有功,不占有万物。这种品德,老子称为深远的、看不见的"玄德"。

道生之①,德畜之②,物形之,势成之③。是以万物莫不尊道而贵德。

道之尊,德之贵,夫莫之命而常自然④。

故道生之,德畜之;长之育之;亭之毒之⑤;养之覆之⑥。生而不有⑦,为而不恃⑧,长而不宰⑨。是谓"玄德"。

【今译】

"道"生成万物,"德"畜养万物,万物形成各种形态,势力使万物得以完成。因此万物没有不尊崇"道"而珍贵"德"的。

"道"所以被尊崇,"德"所以被珍贵,就在于它不干涉万物而任其自然而然。

所以"道"生成万物,"德"畜养万物,使万物成长发育,使万物成熟结果,使万物爱养保护。生养万物却不据为己有,推动万物却不自恃己能,长养万物却不作宰制。这就是最深远的"德"。

【注释】

①之:指万物。 ②畜:畜养、养育。 ③势:指一种势力、势能。释德清注:"势者,凌逼之意。若夫春气逼物,故物不得不生。秋气逼物,故物不得不成。"(《老子道德经解》)势成之:帛书甲乙本均作"器成之"。器成之,器成其器(高亨《老子注译》)。 ④莫之命而常自然:蒋锡昌说:"道之所以尊,德之所以贵,即在于不命令或干涉万物,而任其自化自成也。"(《老子校诂》) ⑤亭之毒之:河上公注:"成之熟之"。高亨说:"'亭'当读为'成','毒'当读为'熟'。皆音同通用。"(《老子正诂》) ⑥养:傅奕本作"盖"。 ⑦有:占有、据有。 ⑧为:指活动、推动。 ⑨长:长养、长成。宰:主宰、宰制。

【评述】

本章老子讲到"道"以"无为"的方式生养万物的过程,并由"道"讲到"德"。

这种"道"生养万物的过程,归纳起来,可以说:"一、万物由'道'产生;二、'道'生万物之后,又内在于万物,成为万物各自的本性('道'分化于万物即为'德');三、万物依据各自的本性而发展个别独特的存在;四、周围环境的培养,使各物生长成熟。"(陈鼓应《老子注译及评介》)这也被李约瑟博士称之为"作为大自然的秩序的'道',使得万物发生并且支配万物的一切活动"(《中国科学技术史》第二卷《科学思想史》第十章《道家与道家思想》)。而这其中的"生之畜之,长之育之,亭之毒之,养之覆之"又被陆希声解释为:"禀其精谓之生,含其熟谓之畜,遂其形谓之长,字其材谓之育,权其成谓之亭,量其用谓之毒,保其和谓之养,护其伤谓之覆。"(引自魏源《老子本义》)

更为重要的是,"道"生万物,或"道"支配万物,所靠的是一种自然力而非强制力,所以李约瑟博士称此为"是靠一种空间和时间的自然曲率"。

也因为是靠自然而然,所以这"道"生之而不执有,既为之而不矜恃,既长之而不宰制;换言之,这"道"于万物是生不辞劳,施不求报。由此老子由"道"推向"德",将此称为"玄德"。再由此推向社会人生,如能有这种道德存在于世,这社会将被人感到是多么的宽松和温暖!所以陆希声接着说到:"营魄章(十章)言人同于道德,此章言道德同于人,是以其词同而理通也。"(《道德真经传》)

五 十 二 章

【解题】

本章老子由本体希夷之道讲到塞兑闭门、知小守柔的体道、守道；认为如此则无遗身殃而与常道合一。

天下有始①，以为天下母②。既得其母，以知其子③；既知其子，复守其母，没身不殆④。

塞其兑，闭其门⑤，终身不勤⑥。开其兑，济其事⑦，终身不救。

见小曰明⑧，守柔曰强。用其光，复归其明⑨，无遗身殃⑩；是谓袭常⑪。

【今译】

天地万物都有原始，可以作为天地万物的根源。既然得知万物的根源，也就认识了万物；既然认识了万物，还必须持守着万物的根源，那就一辈子没有危险。

堵塞关闭耳目口鼻诸窍穴和门户，那就终身不受劳疾困扰。打开这些窍穴，助成世间杂事，那就终身不可救药。

能观察细微的叫做"明"，能持守柔弱的叫做"强"。运用涵蓄着的"光"，返复到观察细微的"明"，不给自身带来灾殃，这就是因袭不变的常道。

【注释】

　　①始:本始、原始,指"道"。　②母:根源、本源,指"道"。③子:指天下万物。　④殆:危险。　⑤兑:《易·说卦》:"兑为口",引申为孔窍。门:与兑均指耳目口鼻诸窍穴。　⑥勤:劳疾。"勤"据马叙伦说应是"瘽"字,《说文》曰:"瘽,病也。"又陈鼓应说:"这里的'勤'作普通'勤劳'讲。"故"勤"作"劳疾"讲。　⑦济:助成。　⑧见小曰明:能观察细微的叫做"明"。　⑨光:吴澄说:"水镜能照物谓之'光'。"明:吴澄说:"光之体谓之'明'。"(《道德真经注》)　⑩遗:招致、带来。殃:祸害。　⑪袭:河上公本作"习",马叙伦说:"袭、习古通"(《老子校诂》)。《小尔雅·广诂》:"袭,因也。"

【评述】

本章老子由本体希夷之"道"讲到塞兑闭门、知小守柔的体道和守道。

这里的"道",本章老子用"始""母"命名之;"道"之不可知,这里的"天下有始"之"始"、"天下母"之"母"也不可知;这就是说,宇宙之如何发生又如何变化,古代哲人无法说明,未来的科学家也未必能一下子说清。所以如果讲"道"之希、微、夷,这里的"始"与"母"也是希、微、夷;"道"的视之不见、听之无声、搏之不得,这里的"始"与"母"也是如此。

因为"道""始""母"是如此,所以知"道"、得"母"也必定非目力足力所能及,也必用不到人之感官,所以上述四十七章老子会说到观天道无须"出户阒牖",本章会说到"塞兑闭门"。

那么怎样才能知"道"、得"母"呢?与上述提到的"以至灵至明的智性(神明)观天道"相配的是,这里得母之"得"则是指"意会、心领、神契、悟入、体验"(徐梵澄《老子臆解》),所以这得"母"实际上应称为"以心契道"或"体道"。难怪张尔岐称此章为"言体道之事"(引自魏源《老子本义》)。也因为是这样,所以也都与感官知性认识有距离。

那么又怎样能练就这一套认知能力呢？那就是如果上述四十七章评述中讲到不出户不阙牗、唯静无欲能知天下观天道的话，那么这里则将"不出户不阙牗"换成了"塞其兑闭其门"而已，再配以去除妄见的蔽障，内视本明的智慧，而以明澈的智慧之光，览照外物，当可明察事理（陈鼓应《老子注译及评介》）。

通过归于虚静、净化欲念、去除妄见练就成的一套认识能力，除在四十七章中讲到能"知天下见天道"外，在本章还增加一项——见微知著，这用老子的话来说是"见小曰明"。这"见小曰明""见微知著"，按韩非解释就是"箕子见象箸以知天下之祸"：箕子见纣王用象牙筷子而推知"有了名贵的象牙筷子就再也不会用陶罐土碗来盛饭菜，一定要用明犀碧玉做的杯碟来相配；用了玉杯和象箸，就绝不用来盛小米蔬菜，必定要盛装象尾和豹胎一类山珍海味；吃了这些山珍海味，就一定要穿锦衣住高楼，这样下去国家物品难以满足纣王的欲望，就必定征收远方各国的珍贵奇异之物，用普天下的物品来填饱一个人的欲壑，那样的国家就危在旦夕了"，以后的一切果真如箕子所预料的一样。而以这种见不可见的"明"来"体"视之不见的"道"，这从内容到形式都是适用的。

而知"道"、得"母"、体"道"，为的是"守道"，这就是老子说的"既得其母，以知其子；既知其子，复守其母"。这"守道"，在本章表现为"守柔"，"守之而无可守者柔也，能守此无可守是曰强"（张尔岐《老子说略》），所以也就能"没身不殆"。除此之外，还有"塞兑闭门"，使心意不驰于外，物欲不扰其中，这样虽外物纷纷，但也能寂然不动，所以也能"终身不勤"。在这里，"塞兑闭门"既具有体认天道的认识意义又具有养性保命的方法意义。老子由本体希夷之道，讲到塞兑闭门、知小守柔的体道和守道，实际上是一种由本体向认识、再由方法返向本体的演进过程，所以河上公称此章为"归元章"。

五 十 三 章

【解题】

本章老子由"道"讲到人舍道由径、亡本殉末的种种表现;其中对舍道由径的为政者的败坏表现作了深刻的揭露和抨击。

使我介然有知①,行于大道②,唯施是畏③。

大道甚夷④,而人好径⑤。朝甚除⑥,田甚芜⑦,仓甚虚⑧;服文绥⑨,带利剑,厌饮食⑩,财货有余;是谓盗夸⑪。非道也哉!

【今译】

假使我准确地有自己的认识,在大道上行走,唯恐走入斜路。

大道很平坦,而人们总喜欢走斜径。宫殿很整洁,农田很荒芜,仓库很空虚;而穿着锦绣的衣服,佩带锋利的宝剑,饱食精美的饮食,占有多余的财富,这就叫做强盗头子。多么的不合理呀!

【注释】

①介然:《荀子·修身篇》:'善在身,介然必以自好也。'杨倞注:'介然,坚固貌',是确实,毫无怀疑的样子。今从劳健的解释。"(任继愈《老子新译》) ②道:指老子的道。 ③施:是"邪"字,指斜路。王念孙说:"施,读为迤。迤,邪也。"唯施是畏:"言行于大道之中,唯惧其入于邪道也。"(王念孙语) ④夷:平也。高亨说:"夷借为恞,恞,道平也。"(《老子正诂》) ⑤径:斜径。 ⑥除:整洁。王弼说:"除,洁好

也"。　⑦芜:荒芜。　⑧虚:空虚。　⑨綵:同"彩"字。　⑩厌:借为
"猒",《说文》:"猒,饱也。"　⑪夸:《韩非子·解老篇》引作"竽",并解
释说:"竽也者,五音之长者也。故竽先则钟瑟皆随,竽唱则诸乐皆和。
今大奸作……则小盗必和,故……谓盗竽。"故"盗竽"即盗魁、强盗
头子。

【评述】

本章老子由"道"讲到为政者舍道由径的种种腐败现象。

老子以崇本不盈为道,以谨卑敛退为道,反对的就是矜夸炫耀、驰
骛于末。然而人却常常舍道由径、亡本殉末,于是就出现外炫饰而内
空虚、侈其末而耗其本,表现在为政当权者身上,就出现朝廷甚美而田
畴荒芜、仓廪虚耗,而且还彩服佩剑以为饰,饮食侈餍以自奉,并多积
无用之货以夸富强。

而这还不仅仅是反映为政者的"舍道",更为重要的是反映了这些
为政者的一种政治素质,这按陆希声说来:"观朝阙甚修除,墙宇甚雕
峻,则知其君上好土木之功,多嬉游之娱矣。观田野甚荒芜,则知其君
好力役,夺民时矣。观仓廪其空虚,则知其君好末作,废本业矣。观衣
服多文彩,则知其君好滛巧,蠹女工矣。观佩服皆利剑,则知其君好勇
矣。观饮食常厌饫,则知其君好醉饱,忘其民事矣。观资货有余,则知
其君好聚敛,困民财矣。"(《道德真经传》)设想如以这种当政者来当
政,这社会会好到哪里去? 所以也难怪老子要对此作揭露与抨击,称
这些人为强盗头子。就这点而言,《老子》对后世起到过积极的作用。

五 十 四 章

【解题】

本章老子先讲修建德性于身、家、乡、邦、天下;然后再讲:我身之德既修则能以我之身观人之身、察己以知之。故本章被河上公题为"修观章"。

善建者不拔,善抱者不脱,子孙以祭祀不辍①。

修之于身,其德乃真;修之于家,其德乃余;修之于乡,其德乃长②;修之于邦,其德乃丰③;修之于天下,其德乃普。

故以身观身,以家观家,以乡观乡④,以邦观邦,以天下观天下。吾何以知天下然哉? 以此。

【今译】

善于建立的不可拔除,善于抱持的不会脱落,(遵循这一原则),足以使子孙后代祭祀不断。

把这一原则贯彻到个人,他的"德"就会纯真;贯彻到一家,他的"德"可以有余;贯彻到一乡,他的"德"就会长久;贯彻到一国,他的"德"就会广大;贯彻到天下,他的"德"就会普及。

所以要从(我)个人来认知(其他的)个人,从(我)家来认知(其他人)家,从(我的)乡来认知(其他的)乡,从(我的)国来认知(其他的)国,从(我的)天下来认知(其他的)天下。我是怎样认知天下的情况的呢? 就是用以上的方法。

【注释】

①辍：帛书乙本作"绝"，辍指停止，犹绝也。"辍""绝"古通用。
②长：长久。　③邦：王弼本作"国"，《韩非子·解老篇》、傅奕本均作
"邦"。"邦""丰"押韵。故据傅奕本改正。丰：《周易·丰卦》象曰：
"丰，大也。"　④以身观身，以家观家，以乡观乡：林希逸说："即吾之一
身而可以观他人之身，即吾之一家而可以观他人之家，即吾之一乡而
可以观他人之乡。"

【评述】

本章老子认为人将"德"建持于无形的内心世界，只要自我不脱落
变质，外界是没有什么力量能将此拔去剥脱的。故这种建"德"（或精
神）于人之内心，是人立身处世之根本，也是使子孙后代祭祀不绝的原
因。推而及之家、乡、邦、天下之所以能立于社会世界之林，也无非是
此"德"（或精神），只不过是"德"的余长丰普而已。

就此点而言，道儒相同，《大学》言格物、致知、诚意、正心、修身、齐
家、治国、平天下，与《老子》言"修之身、修之家、修之乡、修之邦、修之
天下"相一致。只不过"老氏此言较平而实"，即老子不"言齐、言治、言
平，而专就其德说余、说长、说丰、说溥，则谦乎平实之言也"（徐梵澄
《老子臆解》）。

接下来，老子认为，我身之德既修，则以我之身观人之身，彼此无
异。由此而推，彼家之身犹此家之身，故观于我一家之人而足够；彼国
之身犹此国之身，观于一国之人而足矣……所以"以身观身，以家观
家，以乡观乡，以邦观邦，以天下观天下"；并认为这是认知天下的一种
方法。

这种"以身观身"的认知方法，大致与孔子"己所不欲，毋施于人"
相差无几，即自己不想做的事，难道别人就想做？自己不想要的东西，
难道别人就想要？反过来说，自己想要的东西大致也是人家想要的东
西，自己想要做的事也是人家想要做的事；这就是说，同此身即同此

德,也同具其理,所以孔子是"己所不欲,毋施于人",老子则是"以身观身"。这按王弼说来:"察己以知之,不求于外也。"

由此再说到"以天下观天下"。古语说"藏天下于天下者",今之天下亦古之天下,后之天下亦今之天下,所以东汉孔融能"以今度古",现在人们则能"展望未来",过去的穷人更能借此得出"天下乌鸦一般黑"的结论,那就是村东财主要吃人,你无须到村西就能知道村西财主也吃人,所谓"不出户,知天下"大概就指此。

五 十 五 章

【解题】

老子言道德,常以婴儿赤子作比喻。本章老子又一次提出人要修性返德于婴儿般的纯真柔和,这样就会像婴儿一样不壮也不老,遇物亦无伤,使之既符合人之养生,更符合道之原则。

含"德"之厚,比于赤子。毒虫不螫①,猛兽不据②,攫鸟不搏③。骨弱筋柔而握固。未知牝牡之合而朘作④,精之至也。终日号而不嗄⑤,和之至也⑥。

知和曰"常",知常曰"明"。益生曰祥⑦,心使气曰强⑧。物壮则老⑨,谓之不道,不道早已。

【今译】

人含有德性的深厚,可比得上无知无欲的初生婴儿。毒虫不螫他,猛兽不抓他,凶鸟不捕他。他筋骨柔弱而小拳头攥得很紧。他还不知道男女交合而小生殖器常常勃起,因为他有充沛的精气。他整天号啼而嗓子不会沙哑,因为他平和纯厚。

知道平和纯厚的道理叫做"常",认识"常"称为"明"。贪生纵欲就会生灾殃,欲念支配淳和之气就是逞强。过分的强壮就会过快地趋于衰老,这叫做"不合于"道",不合于"道",必然会很快死亡。

【注释】

①毒虫:王弼本作“蜂虿虺蛇”。河上公本、陆希声本、苏辙本、林希逸本、吴澄本多作“毒虫”,今据诸本改定为“毒虫”。虿:蝎也。虺:小蛇也。螫:指毒虫用尾端刺人肆毒。 ②据:指兽类用爪足拿按抓物。俞樾说:“据当作豦。……今作‘据’者,假字耳。”高亨说:“俞说是也。兽以爪攫物曰‘豦’,古书通以‘据’为之,《战国策·楚策》:‘两虎相据。’《盐铁论·击之篇》:‘虎兕相据而蝼蚁得志。’‘相据’,谓以爪相攫也。”(《老子正诂》) ③攫鸟:高亨说:“‘攫鸟’,犹云鸷鸟也。‘攫’盖借为‘瞿’,《说文》:‘瞿,鹰隼之视也’。鹰隼鸷鸟,其视瞿瞿然,故鹰隼之类,谓之瞿鸟,瞿鸟犹云鸷鸟,明矣。”(《老子正诂》)搏:帛书乙本作“捕”。搏读为捕,捉的意思。 ④朘:王弼本作“全”,全借为“朘”(音全)。《释文》引《说文》:“朘,赤子阴也”,指男婴生殖器。作:挺举、翘起。 ⑤嗄:哑。河上公本作“哑”。 ⑥和:指阴阳调和,身体和谐。 ⑦益:纵欲贪生过分。徐梵澄说:“益之者,犹预支他年备用之财,以侈今日之富者也。”(《老子臆解》)祥:古代用作吉祥,但也用作妖祥。这里指的是妖祥、灾殃。 ⑧心:思想、意志。强:逞强、强暴。 ⑨壮:强壮。

【评述】

本章老子以婴儿喻“道德”。

在老子看来,婴儿尽管形未成而气自专,情未感而精自应,声久费而和不伤,所以是“骨弱筋柔而握固,未知牝牡之合而朘作,终日号而不嗄”。而之所以能这样,老子认为全在于婴儿任其自然之真、本然之气,泊然无欲,故不壮亦不老,无物能伤。

而渐长成形的人则开始耳目交于外,心意受于内,不任自然而益生多欲;欲于货物名利、饮食男女……这照老子看来,不会有好结果。

这些人有时候还以心使气,表现为乖戾决骤、张脉偾兴,这样就使得内不能自主,外不能自制,异于婴儿的“精之至”与“和之至”。这种乖戾决骤、张脉偾兴看似“刚强”,但照老子看来,人一旦入于“刚强”,

这"老"也必定从之,也必定失去赤子之性,也难有好结果。诸如这些,均违反"道"之原则。

所以,老子强调人要修性返德,至同于初,如婴儿积冲气之和、守柔弱之道,调心制欲,养气卫身,这样人既不壮,恶乎老? 既无老哪来死? 就能处于"毒虫不螫、猛兽不据、攫鸟不搏"的"无死地"之境。所以有人强调"人但养成婴儿,何事不了"(苏辙语)。

五 十 六 章

【解题】

本章老子阐述无所偏倚、泯灭彼此的"玄同"观,其方法是塞兑闭门,挫锐解纷,和光同尘;以此推向社会人生,也就能无亲疏、利害、贵贱之别,能为天下所尊重。

知者不言,言者不知①。

塞其兑,闭其门②,挫其锐,解其纷,和其光,同其尘③,是谓"玄同"④。故不可得而亲,不可得而疏,不可得而利,不可得而害,不可得而贵,不可得而贱⑤。故为天下贵。

【今译】

智者不多言,言者未必智。

塞住窍穴,关闭门户,不露锋芒,超脱纠纷,敛和光耀,混同尘世,这就是玄妙同一。这样就不分亲,不分疏;不分利,不分害;不分贵,不分贱。所以就为天下所尊重。

【注释】

①知:智。"知""智"古字同。知者不言,言者不知:徐梵澄说:"此谓智者多不言,言者未必智"(《老子臆解》)。 ②塞其兑,闭其门:这二句已在五十二章出现过。参见该章注⑤。 ③挫其锐,解其纷,和其光,同其尘:这四句已在四章出现过。参见该章注释。 ④玄同:指玄妙齐同的"道"。 ⑤不可得而亲,不可得而疏,不可得而利,不可

得而害,不可得而贵,不可得而贱:指超出于亲疏、利害、贵贱之外。

【评述】

本章老子认为体道者就该均复万物,泯灭彼此,无所偏执,玄同齐物。

而对于这点,常人是难以做到的。常人总是与人相接,或以言亲,或以貌疏;与物相接,或贵于此,或贱于彼……然而对于一个重要人物来说就不能如此,如于人于物亲疏贵贱分明,就会带来一系列的负面效应,民众就会以重要人物好之而好之、以重要人物恶之而恶之,这样社会就必有所偏倚;有所偏倚也必导致有人"抱阳",有人"负阴",时间一长也必导致"负阴者"忿怒不平心态之形成,于是社会也就有利害之争。为此,老子提出了"玄同"。

这"玄同"就是忘物我、混内外,照魏源说来,"玄同之人,无所为同也,安有所谓异?"如此"政不得而亲疏利害贵贱之也"(《老子本义》)。而"玄同"的具体方法则是:"塞兑闭门,挫锐解纷,和光同尘"。这种方法,按李嘉谟说来是:"塞兑以谨其出,闭门以闲其入,挫锐以治其内,解纷以理其外,和光以抑其在己,同尘以随其在物。如此则无出无入,无内无外,无我无物,是谓玄同。既得其同,则谓之亲而远,谓之疏而近,谓之利而不喜,谓之害而不惧,谓之贵而不高,谓之贱而不一,故凡物不足以拟之也。"(引自魏源《老子本义》)魏源也认为,这是爱身存我、处世应物的好方法(《老子本义》)。

所以,老子提醒智者明白:很多事物此一时彼一时,始一理卒一理,久而浊以徐清,犯不着一定要是非、荣辱、利害、贵贱、欣厌计较分明,最好的办法是"智者不言",即塞兑闭门,挫锐解纷,和光同尘,齐物玄同。

五 十 七 章

【解题】

　　本章老子继续阐发他的"无为而治"思想，认为"以正治国，以奇用兵"均无法取天下，只能带来社会动乱，唯有以无为、好静、无事、无欲才能取天下。

　　以正治国^①，以奇用兵^②，以无事取天下^③。吾何以知其然哉？以此：

　　天下多忌讳^④，而民弥贫^⑤；人多利器^⑥，国家滋昏；人多伎巧^⑦，奇物滋起^⑧；法令滋彰^⑨，盗贼多有。

　　故圣人云："我无为，而民自化^⑩；我好静，而民自正^⑪；我无事，而民自富；我无欲，而民自朴。"^⑫

【今译】

　　以矫正的方法治国，以出奇的方法用兵，以无为的政治来取天下。我是怎么知道是这样的呢？根据下面这些事端：

　　天下的禁忌越多，人民越贫困；民间的利器越多，国家越陷于昏乱；人们的技巧越多，邪奇的事物越多滋生；法令越森严，盗贼反而增多。

　　所以有道的人说："我无为，人民就会自然顺化；我好静，人民就会自然端正；我无事，人民就会自然富足；我无欲，人民就会自然淳朴。"

【注释】

①正:矫正。吴澄说:"正,正其不正。" ②奇:出奇、不正常。帛书本"奇"作"畸"。 ③无事:指无为、任其自然的意思。 ④忌讳:不许做、不许说,即禁令。《楚辞·谬谏》:"恐犯忌而干讳。"王逸注:"所畏为忌,所隐为讳。" ⑤弥:越、更加。 ⑥利器:器械。 ⑦伎:与"技"同,指技巧、智巧。 ⑧奇物:邪奇的事物。 ⑨彰:明白、明显。 ⑩自化;自然顺化。 ⑪自正:自然端正。 ⑫自朴:自然淳朴。

【评述】

本章老子承上述各章之后,继续阐述无为而治的思想,表现在这里,就是"以道治国"(王弼语)。

为了说明"以道治国",老子首先讲到社会上流行的"以正治国"。这"以正治国",按吴澄说来是"正其不正"。"正其不正"说明社会确有"不正"、不好的地方需要"正"之。因为"正其不正",也就必须以法制禁令"正其不正"。历史上的管仲、商鞅就是如此。然而,这里需要说明的是,在"正其不正"之时,所定的"正"与"不正"都具有相对性,此处谓"正",别处可能谓"不正",所以当以法制禁令规定哪些可做、哪些不可做,哪些可说、哪些不可说时,这可做不可做、可说不可说就带有相对性,于是在这种禁忌下的民众必定手足无措,难以有所作为的,所以老子将此称为"天下多忌讳,而民弥贫"。

即使"正其不正"的"不正"是绝对要"正"的,这森严的法令能对不法之徒产生威慑震撼的效果;但"道高一尺,魔高一丈",在社会败坏之际,不法之徒并没有因这森严的法令而少下去,反倒越发多起来,且法令还总有不完善处,使不法之徒有机可乘,所以老子感叹:"法令滋彰,盗贼多有。"

同样,即使该"正"那些"不正"之处,但当"正其不正"时,也总有些不该"正"的也被"正"掉,所以老子在下一章强调要"方而不割"。

这社会一到"法令滋彰,盗贼多有"的地步,正说明这社会已烂开坏透。所以诸如原本可以便民利民的利器、技巧也会被用歪用邪,使之反而导致国家滋昏,奇物滋起,不利国家治理,故老子说:"人多利器,国家滋昏;人多伎巧,奇物滋起。"

由此看来,这"以正治国"又何以能取(治理)天下?

而"以正治国"之所以不能取天下,按王弼看来是在于未能"崇本息末",只是"立辟(法)以攻末"(《老子·五十七章注》)。唯有"以道治国",即以"无为"的态度才能治天下。按老子自己说来是:"我无为而民自化,我好静而民自正,我无事而民自富,我无欲而民自朴。"北宋吕惠卿解释说:"圣人无为而民自化则无忌讳之弊,上好静而民自正则无法令盗贼之害,上无事而民自富则无利器之滋昏,上无欲而民自朴则无技巧奇邪之尚矣。"(引自魏源《老子本义》)这就是老子说的:"以无事取天下"。

当然,这种"以道治国"在实际社会中是难以实施的。

五 十 八 章

【解题】

本章老子由"其政闷闷,其民淳淳;其政察察,其民缺缺"的社会政治现象讲到辩证法。那就是,矛盾对立着的事物会互相转化,如一般认为"其政闷闷"是坏的,然而结果"其民淳淳"则是好的;一般认为"其政察察"是好的,然而结果"其民缺缺"却是坏的。同样,祸可以转化为福,福可以转化为祸;正可以转化为奇,善可以转化为妖。人的行为方、廉、直、光是好的,但割、刿、肆、耀则转化为坏的了。最后老子认为只有有道者才能以道自守,保持不割、不刿、不肆、不耀。

其政闷闷①,其民淳淳②;其政察察③,其民缺缺④。

祸兮,福之所倚⑤;福兮,祸之所伏⑥。孰知其极?其无正也⑦。正复为奇,善复为妖⑧。人之迷,其日固久。

是以圣人方而不割⑨,廉而不刿⑩,直而不肆⑪,光而不耀⑫。

【今译】

政治宽大,人民就淳厚;政治严明,人民就狡诈。

灾祸啊,幸福就紧靠在它的旁边;幸福啊,灾祸就藏伏在它的里面。福祸变化反复,谁能知道它们的究竟?在这里它们没有一定的准则。正常随时可转变为反常,善良随时可转变为妖孽。人们对这个道理的迷惑已经很久了。

所以有道的人,行为方正而不割人,行为有棱角而不伤人,行为正直而不放肆,行为光明而不刺耀。

【注释】

①闷闷:傅奕本、范应元本皆作"闵闵"。"闷""闵"均借为"涽"。"涽",水混浊(高亨《老子正诂》)。这里借指国家政治的宽厚、广大。

②淳淳:淳厚、忠厚。高亨说:"淳借为惇,《说文》:惇,厚也。"(《老子正诂》)　③察察:清、明。　④缺缺:帛书甲本作"夬"。高亨说:"缺、夬均借为'狭'。'狭'与'狯'同,狡诈也。"(《老子注译》)　⑤倚:倚靠。⑥伏:藏伏。　⑦其无正也:"也"字据帛书乙本补上。朱谦之说:"'其无正','正'读为'定',言其无定也。《玉篇》:'正,长也,定也。'此作'定'解。言祸福倚伏,孰知其极? 其无定,即莫知其所归也。"(《老子校释》)　⑧奇:奇怪、反常。妖:恶、不善。　⑨方而不割:行为方正而不割人。吴澄说:"'方'如物之方,四隅有棱,其棱皆如刀刃之能伤害人,故曰'割'。人之方者,无旋转,其遇事触物,必有所伤害。圣人则不割。"(《道德真经注》)　⑩廉:《广雅·释言》:"廉,棱也。"刿:《说文》:"刿,利伤也。"指用刀尖刺物。　⑪直:正直、直率。肆:放肆。直而不肆:吴澄说:"直者不能容隐,纵肆其言,以讦人之短。圣人则不肆。"　⑫耀:光炫目,过分明亮。直而不耀:吴澄说:"光者不能韬晦,炫耀其行,以暴己之长。圣人则不耀。"

【评述】

本章老子由"其政察察,其民缺缺"讲到辩证事理,然后再讲到"其政闷闷,其民淳淳"的无为政治。

上章老子讲到"以正治国",本章老子接着认为,"以正治国",其政可察,即法令禁忌有为制作,肯定这即否定那、赏此也即罚彼,所以社会政策莫不具有导向作用。于是民众纷纷有意邀赏远罚、求福避祸、计较得失、权衡利害,这就是吕惠卿说的:"察察缺缺,求福避祸。"(引自魏源《老子本义》)

　　然而,这利害、得失、祸福等,果真能被人计算得清清楚楚、权衡得丝毫不差? 历史和现实告诉人们,诸如这些,非计所能为。这就如徐梵澄说的:"古之士君子立身行道,循理尽分而已,祸福非所计者也。倚伏之数,盖不可量。往往小人之祸,为君子之福。今日之福,成他日之祸。父祖之祸,贻为子孙之福。财富之福,转为国家之祸。纷纷徼绕,何可胜言。"(《老子臆解》)但人多长期迷惑,不解此理,在有为政治驱动下不停地求福邀赏,尽管结果常常相反,但仍昏昏其中。

　　然昏昏中却也有昭昭者,《淮南子·人间训》中提到的"塞翁"就是一位能从失马得马中引出祸福相生的智者:此翁之马无故走失,邻居均来劝慰,但塞翁说:"马之走失,说不定还是好事呢!"果然数月后,走失的马归来,并还引来一匹骏马;而当邻居来道贺之时,塞翁却说:"这或许是件坏事。"果真,塞翁好骑的儿子从马背上堕地而折髀,此时邻居又来慰问,塞翁说出使人惊奇的话:"这件祸事说不定是件福事呢!"后来突然爆发战争,塞翁之子因腿跛而免于服兵役;当战争导致近塞之人十有九死之际,塞翁之子却以腿跛得以保生。这正是"福之为祸,祸之为福,化不可极,深不可测"。所以老子总结为:"正复为奇,善复为妖","祸兮福之所倚,福兮祸之所伏"。由此看来,当人们刻意追求有意作为成一件事时,说不定"祸"已蕴育其中。再说到"其政察察",当人们有意做成一件值得庆贺之事,说不定到他日又成一件令人讨厌之事,这就如今日有意征服自然界,明日却受到了自然界的报复。

　　于是老子提出无为政治,即"无可正举,无可形名,闷闷然而天下大化"(王弼语)。

　　然而,与这"以道治国"难以实施相反,这"有为政治"却难以取消。于是,明白"正复为奇","祸兮,福之所倚;福兮,祸之所伏"之理的老子认为:既然这样,人之作为是不是可以做到"方而不割,廉而不刿,直而不肆,光而不耀",这就是说,当你有意做成一件"造福于民"的事情时,是不是可以将这件事的负面(祸)效果降至零,这犹如产生出便民利民的汽车之时,是不是可以将汽车排放废气中的有害气体降至零? 噪声是不是可以降至最低程度？以此类推，现代社会中各种标以"造福于人类"的事情都有这个问题。于是后现代主义就接过老子的旗帜，继续这一话题：方而不割，廉而不刿……而其中的理论根据则是"祸兮，福之所倚；福兮，祸之所伏"。

五十九章

【解题】

本章老子认为国之长久、人之长生都离不开"啬"的原则,即无论治身、治国都该厚培根柢,积聚能量,收藏精神,充实机体。

治人事天①,莫若啬②。

夫唯啬,是谓早服③;早服谓之重积德③;重积德则无不克④;无不克则莫知其极⑤;莫知其极,可以有国;有国之母⑥,可以长久。是谓深根固柢⑦,长生久视之道⑧。

【今译】

治理人事奉行天道,没有比俭啬的原则更好的。

唯有"啬",才能做到早作准备;早作准备也就是"啬"的"德"不断积累;"啬"的"德"不断的积累,就攻无不克;攻无不克这力量是无法估计的;无法估计的力量,即可管理国家政治;有了这治国的根本,统治就可以长久维持。这就叫做根扎得深、柢生得牢、长生久视的道理。

【注释】

①事:侍奉、奉行。　②啬:俭啬。　③服:"通'备',准备。'早服',早作准备"(任继愈《老子新译》)。　③德:指"啬"德。重:多、厚、不断。　④克:胜。　⑤极:边际、顶点。　⑥母:根基、根本。⑦根:树根向四边伸的叫根。柢:树根向下扎的叫柢。久视:指长久生存。《吕氏春秋·重己》:"莫不欲长生久视。"高诱注:"视,治也。"

【评述】

去奢崇俭是老子一贯态度,在本章老子为了国之长久、人之长生提出了与此相关的"啬"的原则。

这"啬",字"从来亩,来者,亩而藏之"(《说文》),原指耕稼之事,所以"啬夫"亦谓之"农夫";农夫收割五谷而藏之仓廪,多入而少出,所以"啬"也称为"爱涩",这也就是韩非子《解老篇》中说的:"少费之谓啬",即爱惜、俭啬、收敛之义。而老子将这"啬"字来表示治人、治身的最好原则,也取爱惜、俭啬、收敛之义。

这样,"啬"之于人,则知稼啬之艰难,无暇及于淫逸,社会上下同其劳共其苦,民情淳厚朴质,无奢靡之风、淫逸之潮、变诈之智、劫杀之事;安逸之辈一少,这犯罪率也就少,社会也就安定,国可长久。

同样,"啬"之于身,则知费神耗精多而盲聋悖狂之祸至(《韩非子·解老篇》),故爱惜精神元气,要谨于内闲于外,内心不驰,外欲不动,使精气不劳,这样人就能长生。

所以,魏源在《老子本义》中归纳说:"盖'道'之啬,而至于早服无间,德之积而至于莫知其极,则敛舒咸宜、体用兼妙,以之有国则可以长久,以之固己则可以长生,惟其治人事天,无所不可,故曰莫如啬。"

曾国藩说:"余之志事,颇近秋冬收啬之气……余意以收啬而生机乃厚。平日最好昔人'花未全开月未圆'七字,以为惜福之道、保泰之法莫精于此……星冈公昔年待人,无论贵贱老少,纯是一团和气,独对子孙诸侄则严肃异常,遇佳时令节,尤为凛不可犯,盖亦具一种收啬之气,不使家中欢乐过节,流于放肆也。"(《家书》同治二年正月十八日《致沅弟》)这也使得《老子》之"啬"在两千多年后找到了知音。

六 十 章

【解题】

本章老子认为要像煎小鱼那样去治理国家,实行"无为"的原则,这样就能使一些本来有害的东西(如鬼)起不了危害的作用。于是人们之间互不相伤,天下也就太平。

治大国若烹小鲜①。

以道莅天下②,其鬼不神③;非其鬼不神,其神不伤人;非其神不伤人,圣人亦不伤人。夫两不相伤,故德交归焉④。

【今译】

治理大国,要像煎小鱼那样(不可常常拨动它)。

用"道"治理天下,天下的鬼怪也就起不了作用;不是鬼怪不起作用,而是它起的作用不能伤害人;不是它起的作用不能伤害人,而是圣人也不伤害人。这样两者都不伤害人,所以对民众来说,就是双倍德惠的交归。

【注释】

①烹:煎。小鲜:小鱼。治大国若烹小鲜:是说治理大国不可有为多事,如同煎小鱼不可经常翻动一样。 ②莅:临。 ③神:灵、作用。这里"神"作动词解。下文同。其鬼不神:鬼怪起不了作用。
④两不相伤,故德交归焉:蒋锡昌说:"言天下有道,神与圣人两不相

伤,故德交归于民也。"(《老子校诂》)

【评述】

本章老子由煎小鱼不宜多翻,喻说治理国家也不可以烦苛之政来干扰百姓,强调"清静无为"。

对于这种"烹鱼烦则碎,治民烦则散"的哲理,韩非子作过具体的解释,他在《解老篇》中说道:"凡法令更则利害易,利害易则民变业,故事大众而数摇之则少成功,藏大器而数徙之则多败伤,烹小鲜而数挠之则贼其泽,治大国而数变法则民苦之。"所以,有道之君应贵清静而重变法。

如此,则哪有鬼神作怪之事? 即使作怪也伤害不了人。所以老子说道:"以道莅天下,其鬼不神;非其鬼不神,其神不伤人。"这实际上说明只要人不作怪,这"鬼"又怎能作怪?

而凡鬼神作怪也均在主体有疾有事之时发生,人之有疾则疑神疑鬼,国之有事则兴妖作怪。《左传》昭公七年就记载着郑国在铸刑书那年(昭公六年,即公元前五三六年)"闹鬼"之事:原本反对铸刑书的伯有、子孔,在被公孙段、驷带参与杀害之后闹鬼,其"鬼"称要在壬子(铸刑书之年的三月二日)报复杀驷带,壬寅(铸刑书之年的第二年正月二十七日)报复杀公孙段;后果真"应验",使国人非常恐惧,逼迫无神论者子产不得不立伯有之子和子孔之子为大夫,以祀其父。这说明国之闹"鬼"与政治事件联系在一起。所以也只有将身将国料理得气血旺盛,顺理得道,"鬼"也就无法兴妖作怪。而这关键则是少欲清静,少欲清静则少祸害,而圣人执此以莅天下则不伤民,同样鬼怪不神亦不伤民,于是民众就能在这"两不相伤"中得到双倍的德惠(张松如语)。

六 十 一 章

【解题】

本章讲的是老子关于处理大国与小国的关系的主张。老子认为，大国对小国，小国对大国都要采用谦下的方针策略，这样就能实现各自的目的；大国采用这种谦下方针策略则无须战争就能兼聚小国，小国采用这种谦下方针策略则能免受侵略而取得大国的容纳。

大邦者下流①，天下之牝②，天下之交也③。牝常以静胜牡③，以静为下。

故大邦以下小邦，则取小邦；小邦以下大邦，则取大邦④。故或下以取，或下而取⑤。大邦不过欲兼畜人⑥，小邦不过欲入事人。夫两者各得所欲，大者宜为下。

【今译】

大国要像处于江河的下游，居于天下雌柔的位置，是天下会集的地方。雌柔常以沉静胜过雄强，因为沉静能居下的缘故。

所以大国对小国谦下，就可以取得小国；小国对大国谦下，就可以被大国取得。所以有的谦下用以取得，有的谦下而被取得。大国（谦下）不过要兼聚小国，小国（谦下）不过要求容于大国。这样大国小国都可以达到各自的愿望，大国应该特别注意谦下。

【注释】

①邦:帛书乙本作"国",帛书甲本作"邦"。下文"邦"字均依甲本改正。者:高亨说:"者,读为著。《史记·货殖列传》:'废著鬻财。'裴骃《集解》引徐广曰:'著,犹居也。'著与今之'住'字是一声之转。"(《老子注译》)下流:低位。　②牝:雌、母。　③交:会集。　③静:帛书甲本作"靓",帛书乙本作"静"。　④取大邦:王弼注:"大国纳之也",意指小国谦下待大国,则可取得大国的容纳。　⑤以取:取别国。而取:取于别国。　⑥畜:畜养。这里的"畜"字含有占有的意思。兼畜人:是说兼聚(并)小国。

【评述】

本章老子讲国与国应互相谦下,而大国对小国尤要谦下,不可自恃强大而欺凌弱下,这样社会就能和平相处。

春秋时期列强争霸,争霸之国先后有齐、晋、宋、楚、秦,而当这些大国一旦争得盟主(霸主)地位,其与盟主结盟的小国就只能唯盟主之命是从,成为大国的附庸。然而,具有相对独立性的小国又能根据列强势力的消长及斗争形势可随时脱离原来的联盟,而投入另一盟主的怀抱,于是小国又可能成为左右谁为盟主的一支不可忽视的力量。这样一来,一方面小国根据时势奉一强国为盟主以求保护,另一方面,争霸强国就必须争取小国入盟,以巩固盟主霸主的地位。所以老子归纳说:"大邦不过欲兼畜人,小邦不过欲入事人。"

然而,鉴于春秋时期弑君三十六、亡国五十二的情况,老子要从根本上息纷争、止战祸,于是以牝牡动静高下来喻说大国小国之关系:

在这里,老子出于一贯的立场,在牝牡对比中取"牝",在动静对比中取"静",在高下对比中取"下",认为各国只有采取"谦下"态度才能达到各自的目的。那就是,不在人下的大国如能下,就会像江河善下而为众水交汇一样使小国归附;本居人下的小国如能下,就会像牝不先动以求牡一样以居下之静使居上强国来动求。总之,"谦下""牝静"

是总原则,这样大国不恃其尊则小国乐于归附,小国能安其卑则大国乐于容纳,于是天下就能和平相处,战祸纷争也就能止息。

　　这就是老子之"道"的另一种表述,即强者须能弱,有者须能无,大者宜为下,高者宜为低……

六 十 二 章

【解题】

本章老子进一步讲"道"的好处和用处。老子认为,"道"是善人离不开它,不善人也离不开它;"道"是一种比驷马、拱璧还要贵重的礼物,因为有了"道",有求即可得到、有罪则能免却。所以天下都珍视"道"。

道者,万物之奥①。善人之宝,不善人之所保②。

美言可以市尊,美行可以加人③。人之不善,何弃之有? 故立天子,置三公④,虽有拱璧以先驷马⑤,不如坐进此道⑥。

古之所以贵此道者何? 不曰:求以得⑦,有罪以免邪? 故为天下贵。

【今译】

"道",是万物的主宰。善人珍贵它,不善的人也要保持它。

漂亮的言词可以博取尊敬,漂亮的行为可以超越众人。人若为恶,有什么必要将他抛弃? 所以,天子即位,大臣就职,虽然有拱璧在先、驷马在后的礼仪,还不如用"道"来作为献礼。

自古以来为什么对"道"如此重视? 不就是说有求即可获得、有罪就可免却吗? 所以被天下所珍视。

【注释】

①奥:帛书甲乙本均作"注","注"当读为"主"。《礼记·礼运》郑玄注:"奥,主也。" ②不善人之所保:不善的人也要保持它。高亨说:"李哲明云:'不善人虽与道远,而恃之而生,亦保于道。'《庄子·盗跖篇》:'盗亦有道焉',是则'道'亦不善人之所宝也。"(《老子注译》)"保""宝"(葆)同。 ③市:取、买。加:凌驾、超越。吴澄说:"申言善人之宝。善人以道取重于人,嘉言可爱,如美物之可以鬻卖;卓行可宗,高出众人之上。"(《道德真经注》) ④三公:指古代天子以下的太师、太傅、太保。 ⑤拱璧:指一种圆镜形状中间有孔的玉器,为古代贵重礼品。驷马:四匹马驾的车,古代只有天子大臣才能乘坐。拱璧以先驷马:指一种拱璧在先、驷马在后的献奉礼仪。高亨则说:"此句当作'虽有拱璧驷马以先'……先,借为选。《说文》:'选,致言也。'即聘问之意。拱璧驷马以选,是说天子派使者拿着璧(礼物),坐着车,聘问诸侯。"(《老子注译》) ⑥进:任继愈说:"古代地位低的送给地位高的人东西,叫做'进'。"(《老子新译》) ⑦求以得:指有求即可获得。王弼本作"以求得",帛书乙本、傅奕本均作"求以得"。今据改。马叙伦认为"求"字上脱漏"有"字,应是"有求以得"(《老子校诂》)。

【评述】

本章老子讲"道"之所以为"天下贵"的原因。

这其一原因是:"道者,万物之奥。善人之宝,不善人之所保。"这照蒋锡昌的解释是:"善人化于圣人之道,益进于善,故道为善人之宝;不善人化于圣人之道,可以改善,故道为不善人之所保。盖天下之人,无善与不善,唯在圣人之以道为化。"(《老子校诂》)

这其二原因是:"不曰:求以得,有罪以免邪?"蒋锡昌说:"谓善人化于道,则求善得善;有罪化于道,则免恶入善。"(同上)鉴于此,"道之所以为天下贵也"(同上)。

正因为"道"为天下贵,所以在老子看来,拥有拱璧驷马,哪有揣着此"道"来得好?清朝钱谦益就在《初学集》卷三十七《邹孟阳六十序》

中讲这"虽有拱璧驷马,不如坐进此道"的道理。他认为,人虽有聪明特达之才、英伟奇逸之气,若日趋于功名富贵、情伪攻取,时间一长尽管拥有拱璧驷马,但必"终身弱丧而不能保其天年",而之所以这样,是在于没有"坐进此道";反之如能"坐进此道",气濡欲寡、行安节和、委之不年、优游容与、淡于荣利、落落穆穆,倒能养生尽年。且不论钱谦益一生行事与此段话语是否一致,仅就所说的道理而言,到底是"拱璧驷马"不保天年好?还是"坐进此道"养生尽年好?看来答案是明确的,当然是"坐进此道"好。这又是"道之所以为天下贵"的原因,而综观《老子》,这"道之所以为天下贵"的原因远远不止这些。

六 十 三 章

【解题】

本章老子在"无为"的宗旨下,讲圣人如何处事治世。老子首先指出:"天下难事必作于易,天下大事必作于细",由此主张人处理事情须从细易入手,但又不可将事情看得太容易,只有心存困难才能免于困难和"终无难"。

为无为①,事无事,味无味②。

大小多少③,报怨以德④。图难于其易⑤,为大于其细;天下难事必作于易⑥,天下大事必作于细。是以圣人终不为大,故能成其大。

夫轻诺必寡信⑦,多易必多难。是以圣人犹难之,故终无难矣。

【今译】

以无为当作为,以无事当作事,以无味当作味。

大之小、多之少,总以德来报答怨恨。处理困难要从简易入手,实现大事要从细微着手;天下的难事必定从简易开始,天下的大事必定从细微开始。因此,圣人始终不自以为大,反倒能成就大事。

轻易允诺别人的要求,势必使信用破产,把事情看得太容易,势必会遇到困难。因此,圣人遇到事情总把它看得有难处,反倒最终无大困难。

【注释】

①为无为:是说任其自然,把无为当作为。 ②味无味:以无味当作味。王弼注:“以恬淡为味”。 ③大小多少:蒋锡昌认为,“不可解,当有误文”。马叙伦认为“是古注文”(《老子校诂》)。 ④德:恩德。怨:怨恨。 ⑤图:考虑、处理。 ⑥作:开始。 ⑦诺:允诺、应许。

【评述】

本章被魏源认为是“明无为而无不为之旨”(《老子本义》)。为何讲是“明无为而无不为之旨”?这在魏源看来,老子所谓的“无为”,“非徒椀断之见,托诸空言而已”,老子的“无为”并非真的“无为”,实际上是有所为的,只不过与众人有所不同罢了。王道说:“众人所为者有为之事,圣人所为者无为之道。”(引自魏源《老子本义》)这就说明老子处事有为必与众人不同,表现在这里,老子能图其难于易之时,为其大于细之时;这是因为老子知道天下之事始易而终难,始细而终大,所以老子提醒人们处理艰难之事要从细易入手。但老子又与人不同的是,当他面临细易之事时,却从不掉以轻心;为了使事情“成其大”,老子将内心思虑始终落实在“小”(细心)上,这照吴澄说来:“心之大小,始小之时,心固不敢自以为大,即已大而此心亦终不改,始终皆能自小,所以能成其大也。”(《道德真经注》)用现代话来说是做事始终以“一种慎重的态度,谨密周思,细心而为”(陈鼓应《老子注译及评介》),这样事情没有不成功的。

同样,为了使事情“终无难”,老子将内心思虑始终落实在“难”上,吴澄解释说:“心之难易,始多易者终必多难;是以圣人虽当始易之时而心犹难之,始终不敢易,所以终无难。”这用现代话来说是做事如能“看到困难并重视困难,就能免于困难”(任继愈《老子新译》)。这就是老子说的“终无难”。

　　而上述这些，正说明老子处事治世的不同凡响处；也正因为有这些，所以老子才能做到"无为而无不为"。从中人们也能看到蕴含着的辩证法，即"终不为大，故能成其大"，"犹难之，故终无难矣"。

六 十 四 章

【解题】

本章老子承上章之章旨，首先指出事物在"安""未兆""脆""微"的阶段容易处理的四种情况，由此提出人做事就要"为之于未有，治之于未乱"才行；其次举出事物由小而大、由近至远的三个事例，由此提出人做事就要"慎终如始"，心意不可松懈，一点一滴去完成，这样才能"无败事"。最后，老子又重申"自然无为"。

其安易持^①，其未兆易谋^②。其脆易泮^③，其微易散。为之于未有，治之于未乱。

合抱之木，生于毫末^④；九层之台^⑤，起于累土^⑥；千里之行，始于足下。

为者败之，执者失之。是以圣人无为故无败，无执故无失。

民之从事，常于几成而败之^⑦。慎终如始，则无败事。

是以圣人欲不欲，不贵难得之货^⑧；学不学，复众人之所过^⑨，以辅万物之自然而不敢为^⑩。

【今译】

事物稳定时容易掌握，事物没有显相时容易调理。事物还脆弱时容易消融，事物还微细时容易发散。要在事情还未发生前就处理妥当,要在祸乱还未产生前就作好准备。

合抱的大树,是从细小的萌芽生长起来的;九层的高台,是从一筐筐泥土建筑起来的;千里的远行,是从脚下第一步开始走出来的。

有所作为者必招失败,有所执着者必招损害。因此圣人无所作为所以也不招失败,无所执着所以也不招损害。

人们做事情,常是在快成功的时候就失败了。所以说:事情到最终结束时仍须像开始一样的谨慎,那就没有办不成的事。

因此圣人意欲别人所不欲的,不珍贵难得的货物;学习别人所不学的,挽回众人所经常犯的过错,以辅助万物的自然发展而不敢勉强作为。

【注释】

①持:维持、掌握、保持。　②兆:征兆、端倪。未兆:尚未出现的征兆。　③泮:散、解、分。高亨说:“泮,借为判。《说文》:‘判,分也。’”(《老子注译》)　④毫末:细小的萌芽。　⑤台:古代建筑物,可供人们游玩眺望。　⑥累土:一筐土。高亨说:“累当读为蔂,土笼也。起于累土,犹言起于黄土也。”(《老子正诂》)　⑦几:《尔雅·释诂》:“几,近也。”指差不多的意思。　⑧难得之货:指珍贵的珠玉宝器。⑨复:返、回。　⑩辅:助。

【评述】

本章老子承上章之章旨,继续提出处事治世的方法。

在这里,老子指出“持于安,谋于未兆,泮其脆,散其微”的四种现象,是为了提出“为之于未有,治之于未乱”的方法。这就是说,见事相之未显,睹事理之微芒,即治之于事物将动未作之际,这样既可用力优省,又可避患蔓延。反之,若等事相已显而为之,则欲其成而反败,等事态已乱而治之,则欲其平而反乱。这些,就是通常说的“防微杜渐”“防患于未然”。

而这种方法,世间常见也常用,《韩非子·喻老篇》中讲到:“白圭之行隙也,塞其穴;丈人之慎火也,涂其隙",就是为了"防患于未然",而不致于"千丈之隄,以蝼蚁之穴溃;百尺之室,以突隙之烟焚"。而说蔡桓侯不听扁鹊之言,不肯早治病而致病入骨髓,则更证实"防微杜渐"的重要性。

由此类推,医人之防疫,遇怪病即杜绝病源,或施免疫之针于先,也均是"为之于未有,治之于未乱";这照徐梵澄《老子臆解》说:"其他保健康、延寿龄之法,莫不依此为原则。其禾稼森林防蝱除患之法,同然。"

再由此类推,治国平天下也须遵循此理法。西汉末严遵就在《其安易持》篇中说道:"未危之国,易为谋也;萌芽之患易事也。"(《老子指归》)

接下,老子为了进一步说明此理法,继续举例"合抱之木,生于毫末;九层之台,起于累土;千里之行,始于足下",以喻说既然一切事物均由微小积累而成大,那么对有害之事就该防微杜渐、扼杀于摇篮中,勿使蔓延;反之,若是有益之事,亦该及早发现,促其成长。而在促其事成之时,就要"慎终如始",这就如陈鼓应《老子注译及评介》中说的:"凡事从小成大,由近至远;基层工作,十分重要。所谓'合抱之木生于毫末,九层之台起于累土,千里之行始于足下'。远大的事情,必须有毅力和耐心,一点一滴去完成;心意稍有松懒,常会功亏一篑。"

在讲了这么多的处事有为之后,老子害怕人之理解运用有误,故又重申诸如上述这些处事有为是在"以辅万物之自然而不敢为"(不敢勉强作为)的前提下的处事有为,这就像种苗于深耕厚耘及秋自穫一样,你不必多此一举,拔苗助长而与福生赘。但世人常不知物之自然,总认为非为就不能成功,非执就不能持有,这样就往往导致"有为"过分。

六 十 五 章

【解题】

本章为老子的社会政治观。老子认为社会政治的好坏常与统治者的统治方法有关,治政在于朴质而不智巧。如果统治者以智巧治理社会,社会就会产生不良的腐败风气;风气败坏,人们也就会变得狡诈虚伪起来,社会互相贼害的事就多起来,天下就不安定。如果统治者治政诚朴,讲信用无机巧,民风也就随之淳朴,社会也就容易安定。故本章也被河上公题为"淳德章"。

古之善为道者,非以明民①,将以愚之②。

民之难治,以其智多③。故以智治国,国之贼④;不以智治国,国之福⑤。

知此两者亦稽式⑥。常知稽式,是谓"玄德","玄德"⑦深矣,远矣,与物反矣⑧,然后乃至大顺⑨。

【今译】

古代善于行道的人,不是使民多智巧诈,而是使民淳朴不散。

人民所以难治,乃是因为他们有太多的智巧伪诈。所以用智巧去治理国家,是国家的灾害;不用智巧去治理国家,是国家的幸福。

认识这两种治国方式(用智巧和不用智巧)也还是一个法则。经常认识这一法则,就是"玄德",这"玄德"又深又远。与事物同返于真朴,才得以顺乎自然。

【注释】

　　①明:多智巧诈。王弼注:"明,谓多智巧诈,蔽其朴。"　②愚:淳朴、守真。王弼注:"愚,谓知识守,顺自然也。"河上公注:"使质朴不诈伪。"将以愚之:范应元说:"将以愚之,使淳朴不散,智诈不生也。"③智多:多智巧诈。王弼注:"多智巧诈,故难治也。"　④以智治国,国之贼:河上公注:"使智慧之人治国之政事,必远道德,妄作威福,为国之贼也。"　⑤不以智治国,国之福:河上公注:"不使智慧之人治国之政事,则民守正直,不为邪饰,上下相亲,君臣同力,故为国之福也。"⑥两者:智与不智。稽式:法则、法式。稽:河上公本作"楷"。稽借为楷。《广雅·释诂》:"楷,法也。"《说文》:"式,法也。"楷式也即是法式、法则。　⑦玄德:玄妙的德行。　⑧物:事物。　⑨大顺:自然。林希逸说:"大顺即自然也。"

【评述】

本章老子强调治政在于真朴,反对以智治国。

　　然而,就是这一章却常被人非议,也常被人理解为是老子的"愚民之说"。陈鼓应《老子注译及评介》说:"本章的立意,被后人普遍误解,以为老子主张愚民政策。其实老子所说的'愚',乃是真朴的意思。他不仅期望人民真朴,他更要求统治者首先应以真朴自砺。所以二十章有'我愚人之心也哉'的话。这说明真朴('愚')是理想治者的高度人格修养之境界,但这主张和提法,容易产生不良的误导。"

　　因为"容易产生不良的误导",所以也会在本章之章旨这个问题上不断地争论下去。鉴于此,徐梵澄先生索性讲到底,认为即便"愚民",但最终还是不可能的:"人民愚,则统治阶级易肆其剥削而弗叛,纳诸陷穽而死无怨言。愚之久,久之智力皆劣,则统治者亦不能不愚。上下同归于一愚,则亡国之道也。此乃至浅之理。陆敬舆尝论及氓之蚩蚩,固若无知也。然于上之所为,一举一动无不明其表里,其智又不可及。是则虽欲愚之亦不可能。"(《老子臆解》)

　　那么,老子本章之旨意到底怎样?本章中的言论又是针对何种现象而发？这里还是引陈鼓应先生的话来说明："老子生当乱世,感于世乱的根源莫过于大家攻心斗智,竞相伪饰,因此呼吁人们扬弃世俗价值的争纷,而返归真朴。老子针对时弊,而作这种愤世矫枉的言论。"(《老子注译及评介》)

　　确实如此,观老子所处时代,侵伐不已,战祸无休,而民智越开则奸伪巧诈迭起,社会风气日益败坏。若是这样,不若其愚,不如返朴还淳,还可一反当时刁诈习俗,使民众得以休养生息,心理趋于平和宁静,社会也得以安宁。所以老子强调治政在于真朴('愚')在当时不失为一种治本之方法。遗憾的是,一个"愚"字却引起争纷不断……

六 十 六 章

【解题】

本章老子以江海善下能为百谷王为喻,说明圣人也唯有居后处下,才能更好地居前处上,唯有不争才莫能与之争。其中含有人生哲理、辩证观点。

江海之所以能为百谷王者①,以其善下之②,故能为百谷王。

是以圣人欲上民③,必以言下之;欲先民④,必以身后之。是以圣人处上而民不重⑤,处前而民不害⑥。是以天下乐推而不厌⑦。以其不争,故天下莫能与之争。

【今译】

江海所以能成为百川河流的汇集地,是由于它善于处在一切河流的下游,所以能成为百川河流的汇集地。

所以圣人要想统治人民,必先用言辞对他们表示谦虚;要想领导人民,必把自身的利益放在他们之后。所以圣人居于上位而人民不感到负累;居于领导而人民不感到受害。所以天下人民乐于拥戴他和不厌恶他。正是因为他不和天下人争,所以天下也没有人能够和他争。

【注释】

①谷:溪、小河流。百谷:百川河流。王:蒋锡昌说:"《说文》:

'王,天下所归往也',是'王'即归往之义。"　②善:善于、能够。
③上民:指把自己摆在人民之上,即统治人民。　④先民:指站在人民
的前面,即领导人民。　⑤重:负累、压迫、负担。高亨说:"民戴其君,
若有重负以为大累,即此文所谓重。故重犹累也。而民不重,言民不
以为累也。"(《老子正诂》)　⑥害:妨害、受害。　⑦厌:厌恶、不喜欢。

【评述】

通常人只知圣王尊,不知何以尊。在这里,老子解决了这一问题。
他以"江海"喻"圣王":以江海之广大喻圣王之大度,以江海之水常处
下喻圣王宜居后处下,以此说明,正因为圣王居后处下、谦虚大度,所
以天下也会像百川归海那样归附于他、尊重于他。

当然,圣王被尊的原因还不止这些,《老子》本章还讲到圣王的"不
争";其他章节还讲到"不伐""不矜"……

但是,社会中的辩证法特点就是这样:一个人唯有"不争",则天下
莫能与之争;一个人唯有"不伐",则天下莫能与之争功;一个人唯有
"不矜",则天下莫能与之争能;一个人居后处下,则反而容易被推前置
上……

然而正由于有这种情况存在,所以奸诈者以居后处下伪饰自我,
以达到居前处上的目的;于是老子所讲的一套也就被人冠以"权术"。
在这里,是不是"权术"与老子无关,而与居后处下者的"诚""伪"有关;
若"以言下之",但所作所为乃是己之居上,"以身后之",但所作所为乃
是己之居先,这就是"伪"。老子的这套也被用邪用歪成"权术"。反之
如诚意"以言下之""以身后之",无伪饰成分,即使居上,下层百姓也不
感到负累与受害,也必定会被人拥戴。而伪饰者尽管达到目的,居前
处上,但最终将会被人识穿,难逃身败名裂之厄运。

六 十 七 章

【解题】

本章老子举出"慈""俭""不敢为天下先"三宝,认为使用这三宝于社会诸领域就能取得胜利,反之不使用这三宝就会导致失败。

天下皆谓我道大,似不肖①。夫唯大,故似不肖。若肖,久矣其细也夫②。

我有三宝,持而保之③。一曰慈④,二曰俭⑤,三曰不敢为天下先。

慈故能勇⑥,俭故能广⑦,不敢为天下先,故能成器长⑧。

今舍慈且勇,舍俭且广,舍后且先,死矣。

夫慈,以战则胜,以守则固。天将救之⑨,以慈卫之。

【今译】

天下人都对我说"道"广大,但不像任何具体的东西。正因为它广大,所以不像任何具体的东西。如果它像的话,早就渺小得很了。

我有三种法宝,掌握着并保存着它。第一种叫做"慈",第二种叫做"俭",第三种叫做"不敢居于天下人的前面"。

有了这"慈",所以能勇武;有了这"俭",所以能宽广;有了这"不敢居于天下人的前面",所以能成为万物的首长。

现在舍弃"慈"而只求勇武,舍弃"俭"而只求宽广,舍弃退让而只求争先,是必定要陷入死路的。

　　将这"慈",用来征战就能胜利,用来守卫就能巩固。天要救助谁,就用"慈"来护卫他。

【注释】

　　①肖:相似、像。　②"天下皆谓我道大,似不肖。夫唯大,故似不肖。若肖,久矣其细也夫"一句:陈鼓应说:"本章谈'慈',这一段和下文的意义毫不相应,显然是他章错简。严灵峰认为可移到三十四章'故能成其大'句下。严说可供参考。"(《老子注译及评介》)　③宝:保。帛书乙本均作"琛","琛"古通"宝",故河上公本、傅奕本均作"宝"。上"宝"字作名词,下"宝"字作动词。　④慈:慈心。　⑤俭:节俭,啬俭。　⑥慈故能勇:蒋锡昌说:"是'勇'谓勇于谦退,勇于防御,非谓勇于争夺,勇于侵略。'慈故能勇'言圣人抱有慈心,然后士兵能有防御之勇也。"(《老子校诂》)　⑦广:宽广。俭故能广:王弼说:"节俭爱费,天下不匮,故能广也。"　⑧器:万物。　⑨天:天道。

【评述】

本章老子提出"慈""俭""不敢为天下先"三宝。

这三宝,徐梵澄《老子臆解》的解释是:"慈,爱也。俭,约也。不敢为天下先,无争也。——此三者,皆说人与社会之关系。""不为先,则不争。不争则不急剧,盖从容而善为者。以是有成,所谓后之以发,先之以至者。故终于为长。俭,谓不放侈,不放侈而恒约,则财用足,财用足则人多附之,故广。慈,谓仁惠加于人。此天地间之正道,坦坦然可行者也。履此正道,又何畏何惧而不勇?人将爱之。物且与之。善将兵者,爱其士卒如子弟,故称子弟兵。子弟兵者,爱其将帅如父兄,则上下揖睦。师于是乎大和。由是'以战则胜,以守则固'。"

但又因为老子之"道"谓"大",所以这三宝运用的领域也是相当广宽的。如被理解为"不争"而后"能成器长"的"不敢为天下先",在曾国藩那里就被理解为"不敢居第一等大名之意",他在《致沅弟》家书中说道:"天于大名,吝之惜之,千磨百折,艰难拂乱而后予之。老氏所谓'不敢为天下先'者,即不敢居第一等大名之意。弟前岁初进金陵,余屡信多危悚儆戒之辞,亦深知大名之不可强求。今少荃二年以来屡立奇功,肃清全苏,吾兄弟名望虽减,尚不致身败名裂,便是家门之福。"(《家书》同治三年四月二十日)。这样,"不敢为天下先"就成了曾国藩的保命手段。

同样,对于"俭",不仅只在用财当俭,一切事情均可用"俭","俭"于饮食可养脾胃,"俭"于嗜欲可聚精神,"俭"于思虑可除烦恼,"俭"于言语可养气息,"俭"于酬酢可息身劳,"俭"于夜读可安神思。

还有"慈",不仅是仁慈加于人,不做害人之事,不说损人之话;仁爱加于兵,使之"以战则胜,以守则固"。同样可以"慈心"于一切物,戒杀生以惜物命,慎剪伐以养天和。就是要"慈心"于胸中,使"慈祥""平和"之气充盈其中。

总之,这三宝放之四海而皆准,只看人们用还是不用。而放之四海而皆准的"三宝',反过来进一步证实老子之"道"的"大""广""深""远"。

六十八章

【解题】

本章老子阐述了某些战略战术的原则，即不可逞武，不被激怒，避免正面敌对行为，善于利用别人的力量，以不争达到争的目的。老子认为这些是从来就有的行为准则。

善为士者，不武①；善战者，不怒②；善胜敌者，不与③；善用人者，为之下④。

是谓不争之德，是谓用人之力，是谓配天古之极⑤。

【今译】

善于带兵的，不尚勇武；善于打仗的，不易激怒；善于胜敌的，不用对斗；善于用人的，对人谦下。

这就叫做不与人争的德行，这就叫做运用别人的能力，这就叫做与天道符合，这是从来就有的行为准则。

【注释】

①士：将帅。王弼注："士，卒之帅也。"不武：指不以武力相尚、不轻易动武。　②怒：《广雅·释诂》："怒，健也。"这里指愤怒的意思。不怒：不被激怒。　③与：对斗、相接。高亨说："与犹斗也。古谓对斗为与。"（《老子正诂》）　④为之下：居人下。　⑤配天：符合天道。极：标准、准则。

【评述】

本章为老子的军事战争观,强烈的"不争"观念充盈其中,所谓"不武""不怒""不与"均为"不争"之德的具体表现,也与老子一贯的非战反侵伐的观念相一致。

所谓"不武",即不以武力相尚,不炫耀武力,也即三十章所说的"不以兵强天下";即使"动武"也是"不得已而用之"(三十一章),防侵伐而为之。

即便"用之",也以"恬淡为上"(三十一章);表现在这里就是"善战者不怒",即善战者不轻易发怒或被激怒。怒而出师,愠而交战,即便不含有侵伐暴戾的成分,也为兵家所忌。这就是《孙子兵法》说的:"主不可以怒而兴师,将不可以愠而致战。"(《火攻篇》)怒而兴师,愠而交战必致失利。

然而就这点而言,寻常人却难以做到。日常所见,就是从事于微末游戏的弈棋,也都有为一子一着而恃气相争、忿然相斗,更何况率军与敌相见于战场了。由此也可将"善战者,不怒"推致其他领域,那就是为人处事不可感情用事、动气害事。

同样也可由"善战者,不怒"联想到善战者必内冷静外羸弱。因为这与"善战者,不怒"相吻合。

老子军事战争观不局限于此,在他看来,"善为士者,不武;善战者,不怒"不如"善胜敌者,不与"。这"善胜敌者,不与"是指不交战而胜敌。这尤如孙子所说:"是故百战百胜,非善之善者也;不战而屈人之兵,善之善者也。"(《孙子兵法·谋攻篇》)这用现代语言来说,能用其他手段解决的,决不用军事武力去解决,战争乃不得已而为之。

战争无非是为了争夺些什么。只要有东西可争好夺,这战争就得持续下去。为了弭兵息战,老子提倡"不争",也就成为必然的了,也算是"崇本息末"。于是在本章最后老子说道:"是谓不争之德,是谓用人之力,是谓配天古之极也。"

六十九章

【解题】

本章老子承上章继续阐述他的军事战争观,即不为主而为客,不进寸而退尺,主张以退为进、以柔胜刚、哀兵必胜,并警告参战者不可轻敌。

用兵有言:吾不敢为主而为客①,不敢进寸而退尺②。

是谓行无行③,攘无臂④,扔无敌⑤,执无兵⑥。

祸莫大于轻敌,轻敌几丧吾宝⑦。

故抗兵相若⑧,哀者胜矣⑨。

【今译】

用兵者曾说过这样的话:我不敢采取攻势而采取守势,我不敢前进一寸而后退一尺。

这就是说,行进没有行列可摆,奋臂没有膊臂可举,对抗没有敌人可对,执持没有兵器可执。

祸之大莫过于轻敌,轻敌几乎丧失了我的法宝。

所以两军对阵兵力相当的时候,那悲哀的一方便必然取得胜利。

【注释】

①主:指战争时的主动进攻。不敢为主:河上公注:"主,先也。不敢先举兵。"客:指战争时的被动防守。 ②进:指进攻别国的领土。退:指退守本国领土。 ③行:行列、阵势。王弼注:"行,谓行阵也。"

④攘:伸出、举起。　⑤扔:对抗。　⑥兵:兵器。　⑦宝:河上公注:
"宝,身也。"一说,宝是指军队、土地。另一说,宝是指慈、俭、不敢为天
下先的"三宝"。　⑧相若:相当、对等。王弼本作"相加",帛书甲乙本
作"相若",据帛书甲乙本改。　⑨哀:悲哀、哀痛、悲愤。哀者:俞樾
说:"按'哀'字无义,疑'襄'字之误……《释义》:'襄音让,本作让。'是
古襄、让通用。上文曰:'吾不敢为主而为客,吾不敢进寸而退尺',即
所谓让也。故曰'抗兵相加,让者胜矣。'"

【评述】

本章老子还是将"不争"观念融于他的军事战争观念之中,具体表
现为:"吾不敢为主而为客,不敢进寸而退尺。"这就如吕惠卿所说的:
"道之动常在于迫,而能以不争胜。其施之于用兵之际,宜若有所不行
者也。而用兵者有言:'吾不敢为主而为客,不敢进寸而退尺',则虽兵
犹迫而后动,而胜之以不争也。"(引焦竑《老子翼》)

由于不得已而用兵,由于"不争",所以在战争中也就必然是"为
客"一方、退守一派。然而,为客有为客的好处,退守有退守的益处,吕
惠卿说:"主逆而客顺,主劳而客逸,进骄而退卑,进躁而退静。以顺待
逆,以逸待劳,以卑待骄,以静待躁,皆非所敌也。"(同上)这样一来,这
"为客""退守"中就含有后发制人的战术思想了。

除此之外,老子在本章中还将"无为"观念融于他的战争观念之
中,这也如吕惠卿所说:"道之为常出于无为,故其动常出于迫,而其胜
常以不争,虽兵亦由是故也。诚知为常出于无为,则吾之行常无行,其
攘常无臂,其扔常无敌,其执常无兵,安往而不胜哉?"(同上)。反之,
如不能无为、不争,只知主而不知客,只知进而不知退,那就会出现灾
祸,就会"丧宝"。

老子继其他章节讲用兵之道后,又在本章提出"为客""退守""行
无行,攘无臂,扔无敌,执无兵"等一系列原则,所以《老子》一书也被人
理解为是一部兵书。如唐王真就认为《老子》八十一章"未尝有一章不

属意于兵也"(《道德真经论兵要义述》)。近代章太炎也在《訄书·儒道第四》中认为《老子》一书简括了古代兵书之要旨,他说:"老聃为柱下史,多识故事,约《金版》、《六韬》之旨,著五千言,以为后世阴谋者法。"当然也有人不同意这样的认识的,如王力就在《老子研究》中说道:"或疑《老子》为兵家言:兵家所谈多攻城略地之术,老子斥争、非战,即战矣亦唯为客而不为主,退尺而不进寸;有城可攻而不攻,有地可略而不略,此其异一也。兵家尚智用术,《老子》弃智忘术,此其异二也。兵家或作老子语,老子必不作兵家语。盖一尚自然,一重功利,其根本观念既异,何由得其同哉? 老子以非战为要义;其不得已而战,战而胜乃余义耳。世人不知戒争而独昧昧然强撢其战胜之术;弃其要义,宝其余义,诚所谓买椟还珠者已。"(《道用》第二节《非战》)这也如张松如《老子说解》中说的:"如果定要把《老子》作为兵书看,那它与《孙子兵法》等类兵家者言是不相同的。它不曾以片言支语去研讨战术,而只是有时把用兵之道上升到政治斗争的战略与策略意义加以阐述。这就是说,较之《孙子兵法》等类兵书,《老子》是更具普遍意义的。实际上,与其把它看作军事哲学著作,莫如说它是哲理著作偶然取喻于军事。"

七 十 章

【解题】

本章老子自叹其言不为世知,其道不为人行,"知我者希,则我者贵",是个被褐怀玉者。

　　吾言甚易知,甚易行。天下莫能知,莫能行。

　　言有宗①,事有君②。夫唯无知③,是以不我知。

　　知我者希④,则我者贵⑤。是以圣人被褐而怀玉⑥。

【今译】

　　我的话很容易了解,也很容易实行。大家却不能了解,也不能实行。

　　言论有宗旨,行事有根据。正由于大家不了解这点,所以也不了解我。

　　能了解我的极少,能效法我的也难得遇到。而有道的人是穿着粗衣却内怀美玉啊!

【注释】

　　①宗:宗旨、纲领、主旨。　②君:"有'主'的意思,'有君'指有所本。"(陈鼓应《老子注译及评介》)　③无知:指别人不理解。　④希:稀,少也。　⑤则:法则、效法。释德清说:"则,谓法则,言取法也。"(《老子道德经解》)贵:难得。　⑥被:披、著,指穿在身上。褐:粗布。《说文》:"褐,粗衣。"粗麻衣、粗布衣均称为褐,贫苦者所穿。怀:指放

在怀里。

【评述】

被褐怀玉的老子自叹他的"玉"——五千言不为世知,是可以理解的。这是因为《老子》五千言文字简古,义颇难定;即使细加寻绎,其理也丰富,其义也多重,熔玄言、哲理、文思、诗情于一炉,所以说它不为世知是有道理的。

被褐怀玉的老子还自叹他的"玉"——"道"不为人行,也是好理解的。这是因为老子之"道"非可直言,即使尽天下之言也不足以言"道";同时这"微""希""夷"的"道",既不可见不可闻又不可触。这样"道"连说都说不清,又不可见不可闻不可触,那么世人又怎能掌握?不能掌握又怎能转化为人之行动?所以说"道"之不为人行也是有道理的。

被褐怀玉的老子又自叹"知我者希,则我者贵",这是因为老子一贯教人的这些"柔弱""谦下""虚静""慈俭"之德常与世情不肖、与物情相悖,这样又怎能为躁进、逐利、迷惑之世俗所理解和接受?所以曲高的老子学说必然和寡,也必然是"天下莫能知,莫能行"。

然而,"和寡"不等于没有人应和,"天下莫能知,莫能行"也只是在世老子的自我感觉。相反,老子以后却有不少应和者,庄子就称老子为"古之博大真人哉"(《庄子·天下篇》),韩非子则更有《解老》和《喻老》,而稷下学子更将此发展演变为黄老学派……以至到后来,中国人的骨子里都融入了老庄道家的东西,这大概是说"天下莫能知,莫能行"的老子所未预料到的。

当然,老子所说"知我者希"也未必不是好事,这起码可省却麻烦;按老子一贯特性,他也未必一定要大家知道他的学说、实施他的道德。因为,怎么看都行的老子学说万一遇到与之抵触的君主,到时说不定真的要"被褐怀玉"去避祸呢!

七十一章

【解题】

本章老子强调"知不知",反对"不知知";其立意类似孔子讲的"知之为知之,不知为不知,是知也",要人有自知之明,能正视自己,以求能不断发展自我。

知不知①,上。不知知②,病。夫唯病病③,是以不病。圣人不病,以其病病,是以不病。

【今译】

知道自己不知道,是最好的。不知道而自以为知道,就是病。正是因为承认这种病是病,所以才不患这病。圣人不患这种病,是因为他承认这种病是病,所以才不患这病。

【注释】

①知不知:知道自己(有所)不知道。一说,"知之而自以为不甚知,表示谦虚"(高亨《老子注译》)。　②不知知:不知道而自以为知道。　③病病:第一个"病"字是动词,承认病;第二个"病"字是名词,指疾病。意谓把这种病看作病。

【评述】

本章老子讲认知事物的态度,强调"知不知",反对"不知知"。

这"知不知",就是说人要明白人之所知极其有限,不可能全知一切；人生天地人世间，有时仰不知天、俯不知地，外难知他人、内不识自我。所以老子说只有知道自己有所不知，才能知不知而后知，才能不断地在求知领域中拓宽前进。老子认为，如能做到这点，也就是最好的。

反之，如不知而自以为知，只看到事物的表象就认为洞察事物的真谛，一知半解即认为全知，这样的认识态度就不正确，老子认为是一种"病"，所以也无法取得真知识，有时还会引出祸害来，这就如《吕氏春秋·谨听篇》说的："不知而自以为知，百祸之宗也。"

由此也决定，在认知事物过程中，只有正视这种"病"、看到这种"病"，才不至于犯这种"病"，也即是说只有知道人容易犯不知而自以为知的毛病，才不至于不懂装懂，也才会在认知领域中不断丰富自我。

老子认为圣人就能做到这点。也正在这个意义上说，《老子》本章有着合理的认识论观点。

然而，如前所述，《老子》一书文字简古，义颇难定，这里的"知不知"和"不知知"也因此歧义丛生。如"不知知"既可理解为"不知道而自以为知道"，也可理解为"不知而使知之"（劳健说）。同样，"知不知"既可理解为"知道自己不知道"，也可理解为"知道却还以为不知道"。这"知道却还以为不知道"如像高亨那样理解为"谦虚"倒也罢了，如"知道却还以为不知道"装出"若愚若晦"（魏源《老子本义》），那就不是认识领域内的问题了，容易被权术家引申为一种手段。

这"知不知"还可如严遵理解为"学不学"一样，知"婴儿以不知益"，故要"绝圣弃智""绝学无忧"（《老子指归·知不知》）。

还有，"圣人不病，以其病病，是以不病"的"病"，韩非子理解为是社会政治上的"病"，如他在《喻老篇》中说："勾践入宦于吴，身执干戈，为吴王洗马，故能杀夫差于姑苏。文王见詈于王门，颜色不变，而武王擒纣于牧野。故曰'守柔曰强。'越王之霸也不病宦，武王之王也不病詈，故曰'圣人之不病也，以其不病，是以无病。'"如是这样，本章的章旨就较难定了。

七 十 二 章

【解题】

本章是老子的政治观。老子指出,如社会恐怖、暴政逼压到民众忍无可忍,产生横竖都是死的思想的时候,民众也就会"不畏威""不畏死",铤而走险起来反抗,这时社会也就到了无法继续统治下去的地步。鉴于此,老子认为任何社会统治都没有必要将民逼上绝路,"狎其所居,厌其所生"。进而老子指出,统治者要具备这种认识,要有一定的爱民措施;而表面上的爱民,实质上反映出的是统治者的自爱。

民不畏威,则大威至^①。

无狎其所居^②,无厌其所生^③。夫唯不厌,是以不厌^④。

是以圣人自知不自见^⑤;自爱不自贵。故去彼取此^⑥。

【今译】

当人民不畏惧统治者的威压的时候,那么更大的动乱、祸害就要发生了。

不要逼迫人民不得居处,不要阻塞人民谋生的道路。只有不逼压人民,人民才不厌恶(统治者)。

因此,圣人但求自知而不求自我表现,但求自爱而不求自显高贵。所以要舍弃后者而采取前者。

【注释】

①民:人民。马叙伦说:"此民字当作人"(《老子校诂》)。威:第

一个"威"字作"专制""威压"讲。第二个"威"字作"祸乱"讲。　②狎：帛书甲本作"闸"，河上公本作"狭"。奚侗说："即《说文》'陕'字，'隘'也，'隘'有'迫'谊。此言治天下者，无陕迫人民之居处，使不得安舒。"高亨说："按狎借为闸。《说文》：'闸，开闭门也。'此是用做动词，即用闸门封闭。无闸其所居，不要封闭人民的住处，使他们自由活动。"马叙伦说："狎，狭声同谈类，故得相通。狎狭二字并借为'柙'。《说文》曰：'柙，槛也。'或借为'匣'，《说文》曰：'匣，匮也。'柙、匣，均有闭距之义。"故狎、闸、狭均有逼迫、封闭的意思。　③厌：《说文》："厌，笮也。笮，迫也。"厌即压迫之义，引申为阻塞。　④夫唯不厌，是以不厌：高亨说："上'厌'字即上文'无厌其所生'之厌。下'厌'字乃六十六章'天下乐推而不厌'之厌。言夫唯君不厌迫其民，是以民不厌恶其君也。"（《老子正诂》）　⑤见：读为"现"，作"表现"讲。　⑥彼：指自见、自贵。此：指自知、自爱。

【评述】

本章之旨是"狎其所居，厌其所生"的被统治者向统治者讲一种"官逼民反"的道理，即"民不畏威，则大威至"；而统治者则可从"官逼民反"的道理中引出一种不使民反的手段，即"无狎其所居，无厌其所生"，"夫唯不厌，是以不厌"。

对于统治者被告知"官逼民反"的道理这点，奚侗解释道："此云威即谓可畏之事，如刑罚兵戎之属，民不畏其所可畏，其故由于不能安居乐业，而祸乱自兹起。"（《老子集解》）

反过来，统治者要维护统治，不使社会祸乱滋起，就得知道"官逼民反"的道理，就不能逼迫得民众不能安居乐业，就不能压榨得民众无法生存。要知道"室无空虚则妇姑勃豁"（争吵）（《庄子·外物篇》），那么被逼迫得走投无路的民众又怎会不起来反抗、寻找生路？

总之，只有使民余裕所居、熙融所生，这社会才会得以持续，得以发展，否则就会祸乱四起。

七 十 三 章

【解题】

本章老子由柔弱不争出发，认为人应随顺自然，不必一定要努力争个明白，不必一定要有确定的因果关系。因为天地人世间很多事情是"不争而善胜，不言而善应，不召而自来"的。

勇于敢则杀，勇于不敢则活。此两者，或利或害。天之所恶①，孰知其故？是以圣人犹难之②。

天之道，不争而善胜，不言而善应，不召而自来，繟然而善谋③。天网恢恢④，疏而不失⑤。

【今译】

勇于敢就遭杀，勇于不敢就可活。这两种勇的结果，有的得利，有的受害。天所厌恶的，谁知道是什么缘故？因此"圣人"也难以说得明白。

天的"道"是，不争攘而善于得胜，不说话而善于应答，不召唤而自动到来，宽缓而善于筹划。天网极其广大，孔虽稀疏而从不会有一点漏失。

【注释】

①恶：讨厌、厌恶。　②是以圣人犹难之：高亨说："'是以圣人犹难之'句，严遵本、六朝写本残卷、景龙碑、龙兴观碑并无之。此句乃后人引六十三章以注此文者，宜据删。本章文皆谐韵，而此句独非韵，以是明之。"(《老子正诂》)　③繟：《广雅·释训》："繟繟，缓也。"繟指宽

缓。　④恢：《说文》："恢，大也。"恢指广大。　⑤疏：稀疏、不密。失：漏失、遗失。

【评述】

本章老子由柔弱不争出发，认为人应随顺自然，不必努力去争些什么，也不必非要有一种确定的前因后果，这是因为天地人世间有不少事情是"不争而善胜，不言而善应，不召而自来"。

那么，为什么对本章作如此理解呢？这是因为天地间既存在着如老子说的："勇于敢则杀，勇于不敢则活"的事，也同样存在着"勇于敢则活，勇于不敢又杀"的事（徐梵澄称此"亦常然者也"）。朱蒂煌《老子述记》就讲到这两种截然相反的事，他引《列子·说符篇》牛缺遇盗于耦沙的故事——牛缺被盗劫去衣物车马而欢然无忧，强盗认为牛缺是贤者（勇于不敢），反而将牛缺杀死了；又引《淮南子·道应训》伙非的故事——伙非渡江于中流，遇两蛟龙绕船，有倾翻的危险，伙非攘臂拔剑赴江刺蛟，"遂断其头"，使"船中人尽活"，然后朱蒂煌说道："此两者或利或害，有自见之心，则牛缺以'勇于不敢'而亦死；不得已而后应，则伙非'勇于敢'而已活。"所以，王弼说："俱勇而所施者异，利害不同，故曰'或利或害也'，言谁能知天所恶之意何故邪？"这就是说，"勇于敢""勇于不敢"难说哪个好，哪个能给人带来利或害、生或死。正因为这样，人有什么必要非得于事于理争个明白、定个是非；今日是"非"，明日是"是"，天地人世间"不争而善胜，不言而善应，不召而自来"的事多着呢！今日自以为得计获利逞强，明日却被疏而不漏的恢恢天网逮着，这样的事情人们见得还少吗？

而被诸多这样的事例充满头脑的人们在无法找到合适的解释的时候，就自然而然将此归结为天的作用（"天之道"）。由此，本章被人视为是老子宣传"退缩"的生活态度和"命定论"思想（任继愈《老子新译》），也就不是空穴来风了。实际上，老子所处的时代也必使老子对上述这些事司空见惯，所以才会写出蕴含着这种哲理的文字。

七 十 四 章

【解题】

本章是老子的政治观。老子指出，一旦到人民不怕死的时候，统治者再用屠杀的手段去威吓人民是起不了什么作用的。然后又说，既然人之生死决定于天道自然，那么社会统治者如用刑戮代替天来决定人之生死也是错误的，并将会给统治者带来祸害。由此，老子反对刑杀过分。

民不畏死，奈何以死惧之①？若使民常畏死，而为奇者②，吾得执而杀之，孰敢③？

常有司杀者杀④。夫代司杀者杀⑤，是谓代大匠斫⑥。夫代大匠斫者，希有不伤其手矣⑦。

【今译】

人民不畏惧死亡，为什么还用死亡来吓唬他们？如果使人民果真畏惧死亡，对于那些为邪作恶的人，我们就可以把他们抓起来杀掉，谁还敢为非作歹？

照例由司杀者（天、自然）来主宰人的生杀。而那些硬要代替司杀者（天、自然）来胡乱杀人的人，这就好像代替木匠去砍木头一样。而那些硬代木匠去砍木头的人，很少有不自伤其手的。

【注释】

①惧:吓唬、惧怕。　②奇:王弼说:"诡导乱群,谓之奇也。"为奇:行为邪恶诡异。　③孰:谁。　④常:照例、经常。司杀者:指天主生杀。苏辙说:"司杀者,天也。"　⑤代司杀者:蒋锡昌说:"人君不能清静,专赖刑罚,是代天杀。"　⑥斫:砍。　⑦希:少。

【评述】

本章老子承上"民不畏威"而讲到"民不畏死",指出一旦到"民不畏死"之时,就像"民不畏威"一样,再拿"死"去惧之是既无效率也无益处的了。这就如苏辙说的:"政烦刑重,民无所措手足,则常不畏死。虽以死惧之,无益也。"(《老子解》)

由此,老子引申出人之生死的问题,认为人之生死原由天道自然来决定,但一旦到了人君不能以"道"治天下的社会里,却由统治者以峻法严刑来决定人之生死,那就是违反了天道且不人道。这种尤如拙工代大匠斫的做法,使许多原本可以自然死亡("司杀者杀")的人却在不适当的时候被统治者的严刑峻法置于死地。这样,统治者出于本阶级利益,以严刑峻法肆意杀人的做法,最终造成民众不惧死而起来反抗,并将矛头对准统治阶级本身。所以从这个意义上说,推行严刑峻法的统治者实际上做了一件适得其反的做法,这也就是老子所说的:"夫代大匠斫者,希有不伤其手矣。"

由此也决定严刑峻法必遭人反对。统治阶级也因此对刑法作重新思考,这就如《尹文子》说的:"老子曰:'民不畏死,如何以死惧之?'凡民之不畏死,由刑罚过;刑罚过,则民不赖其生;生无所赖,视君之威末如也。刑罚中,则民畏死;畏死,由生之可乐也。知生之可乐,故可以死惧之。此人君之所宜执,臣下之所宜慎。"

也因此使社会历史上有所谓的让步政策、爱民措施;但到一定时候,这种政策、措施又由统治阶级的阶级本性,贪婪占有欲而取消,于是又有严刑峻法、苛捐杂税产生,使民"狎其所居,厌其所生";人民又到"不畏威""不畏死"而揭竿奋起使统治者感到"大威至""手足伤",导致统治者又不得不重新思考上述这些问题……中国社会历史就是这样过来又过去的。

七 十 五 章

【解题】

　　本章老子承上章"民不畏死",而讲到人民饥荒是统治者沉重的租税造成的,人民反抗是统治者苛烦的政策造成的,人民轻死是统治者贪婪的聚敛造成的;然后老子重申无为治政思想。

　　民之饥,以其上食税之多①,是以饥。
　　民之难治,以其上之有为②,是以难治。
　　民之轻死③,以其上求生之厚④,是以轻死。
　　夫唯无以生为者⑤,是贤于贵生⑥。

【今译】

　　人民所以饥饿,是由于统治者吞食的税赋太多,因而遭受饥饿。
　　人民所以难以统治,是由于统治者喜欢妄为强作,因而难以统治。
　　人民所以轻生冒死,是由于统治者过分奉养奢厚,因而轻生冒死。
　　只有恬淡虚静的人,才胜过奉养奢侈的人。

【注释】

　　①上:统治者、君王。食税:指统治者以收税自养,如同取食物以自养一样,故称食(吃)税。　②有为:林希逸说:"有为,言为治者过用智术也。"陈鼓应注:"有为:政令烦苛,强作妄为。"　③轻:看轻,不重视。　④以其上求生之厚:统治者奉养奢厚。劳健说:"此章'生'字,义皆如生聚之'生'。旧说或解如生死生命之'生',非也。'求生之厚'

即求为富庶之义。苏辙注：'上以利欲先民,民亦争厚其生,故虽死而求利不厌,贵生之极,必至轻死。'得其旨矣。"(《老子古本考》)　⑤无以生为者:高亨说:"无以生为者,不以生为事也,即不贵生也。"(《老子正诂》)亦即恬淡虚静。　⑥贤:胜于、胜过。贵生:高亨说:"君贵生则厚养,厚养则苛敛"(《老子正诂》),贵生即厚养生命。

【评述】

本章文显义明,老子继续深入讲他的政治观,从上述"民不畏威""民不畏死"讲到本章"民之饥""民之难治"和"民之轻死",并讲到造成诸如此类的原因。这原因,用白话文说来是"剥削与高压是政治祸乱的根本原因。在上者横征暴敛,厉民自养,再加上政令繁苛,使百姓动辄得咎;这样的统治者已经变成大吸血虫与大虎狼。到了这种地步,人民自然会从饥饿与死亡的边缘中挺身而出。轻于犯死了",所以"本章是对于虐政所提出的警告"(陈鼓应《老子注译及评介》)。

与此同时,老子于本章还是勿忘重申他的"无为"治政思想,那就是鉴于上有为而民难治、上厚生而民轻死,老子还是一帖药,即上无为而民自化,上无事而民自富,上好静而民自正,上无欲而民自朴;这样在上不多取,不多事以扰下,在下也就不会轻生难治以累上,于是两相平安,社会稳定得以保持,悠悠忽忽进入新世纪。

七 十 六 章

【解题】

本章老子在三十六章、四十三章之后又一次阐述他的"贵柔"思想。在本章,老子从观察到的客观事物出发得出一个结论:柔弱的东西最强大、柔弱最终趋向生存、柔弱将处在上面,而强大的东西最无力、强大最终趋向死亡、强大将处在下面。老子还举出活人的身体柔软而死后尸体僵硬、草木活着枝条柔软而死后变得干硬等事例来说明这点。老子还将柔弱胜刚强的观点用到军事等其他领域,认为军队如呈强大就会遭到挫败、灭亡。

人之生也柔弱①,其死也坚强②。草木之生也柔脆③,其死也枯槁⑤。

故坚强者死之徒,柔弱者生之徒⑥。是以兵强则灭,木强则折⑦。

强大处下,柔弱处上。

【今译】

人活着的时候身体是柔软的,死后身体就变得僵硬。草木活着的时候枝条是柔软的,死后枝干就变得干枯。

所以坚强的东西是趋于死亡的一类,柔弱的东西是趋于生存的一类。因此军队兵力呈现强大也就会遭受挫灭,树木变得粗壮强大也就会遭受砍伐。

凡是强大的趋向下降,凡是柔弱的趋向上升。

【注释】

①柔弱:指人体的柔软。 ②坚强:指人体的僵硬。 ③草木:王弼本"草木"上有"万物"二字,傅奕本、吴澄本、焦竑本、吕惠卿本均无"万物"二字,故据此删掉。蒋锡昌说:"'万物'二字当为衍文。盖'柔脆'与'枯槁'均指草木而言也。"(《老子校诂》) ④柔脆:指草木枝条的柔软脆弱。 ⑤枯槁:指草木死后变得干枯。 ⑥徒:类。一说:"徒,读为道途之途"(马叙伦说)。 ⑦兵强则灭,木强则折:王弼本作"兵强则不胜,木强则兵"。《淮南子·原道训》《列子·黄帝篇》都引作"兵强则灭,木强则折"。《文子·道原篇》作"兵强即灭,木强即折"。故据上述书所引改正。俞樾说:"案'木强则兵'于义难通。河上公本作'木强则共',更无义矣。《老子》原文作'木强则折'因'折'字阙坏,止存右旁之'斤',又涉上句'兵强则不胜'而误为'兵'耳。'共'字则又'兵'字之误也。《列子·黄帝篇》引老聃曰:'兵强则灭,木强则折',即此章之义,可据以订正。"(《老子平议》)

【评述】

本章老子从人与草木之形体皆以坚硬而死、柔弱而生这一物理现象出发,得出"坚强者死之徒,柔弱者生之徒"的结论。对于这一点,陈鼓应《老子注译及评介》分析说:"他(老子)的结论还蕴涵着坚强的东西已失去了生机,柔弱的东西则充满着生机。这是从事物的内在发展状况来说明的。若从它们外在表现上来说,坚强者之所以属于死之徒,乃是因为它的显露突出,所以当外力冲击时,便首当其冲了;才能外露,容易招忌而遭致掊击,这正如高大的树木容易引来砍伐。人为的祸患如此,自然的灾难亦莫不然;狂风吹刮,高大的树木往往被摧折。小草由于它的柔软,反而可以迎风招展。本章为老子贵柔戒刚的思想。"

由此,老子还进一步得出"强大处下,柔弱处上"以深化上述结论,来说明"柔弱胜刚强"的思想原则。

　　老子反反复复强调"柔弱胜刚强"的思想原则,除与他善于观察物理世界、人间社会有关外,据传还与有高手指点有关。如《说苑·敬慎篇》就讲到生病的常枞在老子前去探望时以口中舌存齿亡的现象来指点老子理解"(齿)刚则亡,(舌)柔则存"的道理。

　　老子反反复复强调"柔弱胜刚强"外,还到处推行"柔弱胜刚强"。表现在本章,老子认为军事上"兵强则灭"。对于这点,徐梵澄就提出疑问:难道"兵弱乃胜"? 并指出:"兵,难言者也。或强胜弱败,或强败弱胜。要于与国家人民为一有机体,而必有庞大充实之生命力弥满其间。倘国家衰弱,其兵不能独强。倘国家富强,其兵不能独弱。可以兵累败而国不伤,可以兵累胜而国终败。譬如疗疾,有疾必死,疾去乃不死,有疾不去而不死,有疾虽去而人亦死者。故不可一概而论。主要在于生命力之充实而已。观于往史,强弱亦有难分者。安定如山,或缺机动;威如流水,或少镇静,则强犹弱也。兵而木强,缺乏灵动矫健之生命力,必败。后世苻坚淝水之败,岳飞朱仙镇之胜,皆此之由。"(《老子臆解》)

　　由此看来,"柔弱胜刚强"之强调过分,则也有片面性,"放弃相反一面的事物而不谈,则将会流入唯心论的泥坑"(高亨《老子注译》)。然而对于这些,老子既不懂,也不想懂,只顾一往情深地强调"柔弱胜刚强",直到七十八章才算歇下来。

七 十 七 章

【解题】

本章老子又一次以"天道"喻"人道",认为"天道"无私大公,"人道"也应无私大公;但实际社会却相反,即"天之道损有余而补不足","人之道则损不足以奉有余",于是老子提问:有谁肯将多余的拿出来奉献给天下？最终看来难以做到,老子只得将希望寄托于"无为"的有道者,认为有道者才会将多余的拿出来奉献给天下。

天之道①,其犹张弓与②？高者抑之,下者举之;有余者损之,不足者补之。

天之道,损有余而补不足。人之道则不然③,损不足以奉有余。

孰能有余以奉天下④,唯有道者。

是以圣人为而不恃,功成而不处⑤,其不欲见贤⑥。

【今译】

天之道,不是很像张弓射箭吗？高了就把它压低一些,低了就把它升高一些;有余的加以减少些,不足的加以补充些。

天之道,是减少有余的来补给不足的;人之道却不是这样,是减少不足的来奉养有余的。

谁能够将有余的拿来供给天下不足的？看来只有有道者才能做到。

因此有道者有所作为而不自恃己能,有所成就而不以功自居,他不愿意表现自己的贤能。

【注释】

①天之道:自然界的规律。 ②张:《说文》:"张,施弓弦也。"古人用弓前将弦加在弓上称为"张"。与:语气词。 ③人之道:社会中的规律。 ④孰:谁。 ⑤处:帛书乙本作"居"。居、处古通用。⑥见:当为"现",指表现。

【评述】

本章老子以"天之道"喻"人之道",主张"人之道"应取法于"天之道"。

这"抑高举下""有余者损之,不足者补之"的"天之道",照老子看来是一个自然普遍规律,如日初生则上升、日中天则下降,月初生则增益、月至圆则亏损,阳升极天则降、阴降极地则升;同样暑往寒来、昼夜交替也无不表现出这种均衡、统一。

由这种"天之道"推广到"人之道",人世间也应"有余者可损,不足者可补"。然而,现实的社会却是"损不足以奉有余",社会呈现极大的不公平。这也就是说,在阶级社会中统治者通过剥削手段,使侯王将相富而有余,人民百姓则不足而更损,乃至"狎其所居,厌其所生"……所谓"朱门酒肉臭,路有冻死骨"即是这种状况的写照。

而这种状态的必然结果必定是爆发激烈的阶级冲突和社会动乱。于是老子出来警戒统治者,那就是既然"天之道"是"损有余而补不足",那么"人之道"就没有理由"损不足以奉有余",也应"损有余而补不足"。在老子看来,这种"损有余而补不足"是百世不变之恒理,且同存于人之心目中。然而,只要社会还存在着阶级,剥削手段导致的富者更富、穷者更穷("损不足以奉有余")的现象就不会改变。这是由整个阶级社会的本质所决定的。当然并不排斥社会中个别有产者能做到这点,如魏晋名士裴楷就能"损有余以补不足"(《晋书·裴秀列传》），以达到散物聚人的目的。

　　老子似乎又感到推行这种"损有余以补不足"的困难，于是还是老一套，提倡君主无为，试图以无为而达无私，以无私而达平均，这样有余者不得不抑而损，不足者不得不举而益。这一套，大概在一定的社会历史时期会出现，以达到矛盾的缓和、社会的稳定。

七 十 八 章

【解题】

　　本章老子又一次以"水"喻说柔克刚、弱胜强的道理,并由水性趋下、居低、处卑来阐发卑下、屈辱、不争的观念。

　　天下莫柔弱于水,而功坚强者莫之能胜①,以其无以易之②。

　　弱之胜强,柔之胜刚,天下莫不知,莫能行。

　　是以圣人云:受国之垢③,是谓社稷主;受国不祥④,是为天下王。正言若反⑤。

【今译】

　　世间没有比水更柔弱的东西,而冲击坚强的力量却没有什么能胜过它的,因为没有什么能代替它。

　　弱能胜过强,柔能胜过刚,普天下没有人不知道的,可是就没有人肯实行。

　　因此圣人说:承担全国的屈辱,才配称国家的君主;承担全国的祸殃,才配做天下的君王。正面的话好像在反说。

【注释】

　　①之:水。莫之能胜:犹莫能胜之。　②易:代替。以其无以易之:王弼注:"以,用也。其,谓水也。言用水之柔弱,无物可以易之

也。" ③受:承担、承受。垢:屈辱。 ④不祥:灾难、祸殃。 ⑤正言若反:正面的话好像在反说。一说:"此句疑是后人注语,不是《老子》本文"(高亨《老子注译》)。

【评述】

《礼记》说:"水近于人"。所以常人往往因近于水而溺于水,君子则往往见大水必观之(子贡说孔子)。同样,"法自然"的老子也在仰俯天文地理时,舍火而法水,于是就有了《老子》中的"以水喻道"和"以水德喻道德",这在《文子·道原》中有具体的阐述:"水为道也,广不可极,深不可测,长极无穷,远沦无涯,息耗减益过于不訾,上天为雨露,下地为润泽,万物不得不生、百事不得不成,大苞群生而无私好,泽及蚑蛲而不求报,富赡天下而不既,德施百姓而不费,行不可得而穷极,微不可得而把握,击之不创,刺之不伤,斩之不断,灼之不熏,绰约流循而不可靡散,利贯金石,强沦天下,有余不足,任天下取与,禀受万物而无所先后,无私无公,与天地洪同,是谓至德。"

表现在本章,老子藉"水"之"器圆则圆,器方则方,壅之则止,决之则行"(河上公注)来喻说"柔弱"特性;老子还借"水"之长久滴点穿石、磨铁消铜来说明柔之胜刚;老子还藉"水"能灭"火"、阴能消阳来说明弱之胜强;老子更借纳各种污秽之水流入溪谷低洼来喻说卑下屈辱不争之观念。

总之,老子能因近于水而喻"道"之一切,悟人宜柔宜弱宜不争。

然而,宜柔宜弱并不是这样就算数,看看"水"的表现就知道,宜柔宜弱为的是克刚胜强;同样,卑下屈辱、受国之垢、受国不祥也为的是最终成"社稷主"、为"天下王"。所以这被一语道破:"正言若反"。

正因为"正言若反",所以《老子》中的许多言论都可作如此看,如"曲则全""枉则直""洼则盈""敝则新""大成若缺""大盈若冲""大直若屈""大巧若拙""明道若昧""进道若退"等,总之"正言若反"。所以,说

"柔弱"是为了"胜坚强",说"不益生"是为了"长生",说"无为"是为了"有为",说"损"是为了"益",说"益"是为了"损",相成却相反,相反也相成。因此,这"正言若反"是解开老子《道德经》三玄言的钥匙,同样还是打开中国社会人际关系的钥匙。

七 十 九 章

【解题】

　　本章老子为了化解怨仇,提出"圣人执左契而不责于人",即即使放债也不硬性收还,由此推论,更不能无缘无故索取他人财物。老子认为这样就能避免和人结下怨仇,还可得到天道的帮助。用这原则推广到政治领域,老子提示统治者不可过多地用税赋来榨取百姓财物,而应像圣人一样以"德"治政,辅助、给予民众而不干扰、榨取民众,这样就不会发生"民之饥,民之难治,民之轻死"的现象,也就不可能有"大威至"的事发生。

　　和大怨①,必有余怨;安可以为善?

　　是以圣人执左契而不责于人②。有德司契③,无德司彻④。

　　天道无亲⑤,常与善人。

【今译】

　　深重的仇怨就是化解了,也必然会留有余怨;这怎能算妥善解决?

　　所以圣人从根本上避免与人结怨,有如保存着借贷财物的契据存根——左契,却不向人追索偿还。有德的人只管掌握契据存根,而无德的人却以此只管追索逼债,引起怨仇导致灾祸。

　　天道对人无所偏爱、无亲疏之别,它永远帮助善良者。

【注释】

①和:帛书乙本作"禾"。"和""禾"通用。 ②执:持有、保存、掌握。契:《说文》:"券,契也。"古代借贷财物(金钱、米粮等)均用契券,尤如今天的合同文字。古代契券用竹木制成,中间刻横画,两边刻相同的文字,记下财物的名称、数量等,还记下借贷偿还的时间等;然后一劈为两片,左片称左契,刻有借贷者姓名,由债权人保存收执,右片称右契,刻有财物主姓名,由负债人保存收执。索物还物时,以两契相合为凭据。但债权人保存收执左契还是右契在当时因邦域不同而不同,所以张松如说:"左契右契,似无分尊卑。"(《老子说解》)责:《说文》:"责,求也。"追索借出的财物称为"责"。 ③司:《广雅·释诂》:"司,主也"。 ④彻:《广雅·释诂》:"彻,税也。"《论语·颜渊篇》:"盍彻乎?"郑注:"周法,什一而税谓之彻。"故"彻"乃周代税法。 ⑤无亲:无所偏爱,没有亲疏之别。 ⑥与:助。

【评述】

本章老子提出化解怨仇矛盾的办法。在具有丰富社会阅历的老子看来,人与人之间一旦结下怨仇,是不易化解的;即使化解了,但人心目间还存有心理障碍,留有宿怨。所以,最好的办法是不与人结怨。而不与人结怨,大概是不易做到的;也只有老子心目中的"圣人"才能做到,即以"无为"处事,来者不见其为怨,与者不自以为德,这样德怨两泯、物我浑化,就能在人世间不与人结怨。

或者,对存有余怨的,报怨以德来感化对方,使宿怨逐渐散释,这大概也算是一种较好的处怨之道。

但诸如此类,推衍到大社会中,就根本不可能有这种处怨之道和所谓的"不与人结怨",有的倒是因统治阶级的横征暴敛引起的民之"大怨"。而一旦到怨声载道之时,这社会也就即将蕴育着动乱的危机。于是善为政者就必将"大怨"调停其间,根据丰歉之不同,或缓其征收,或减其赋税,这样才可缓解"大怨"。反之,还像过去一样横征暴敛,"无德司彻",与民多寡必较、锱铢不让,这社会也就离崩溃不远。

春秋末季，鲁国已什取二而国用不足，则横征暴敛使民怨起，最终导致昭公被逐。

当然，缓其征收、减其赋税，在老子看来与"圣人执左契而不责于人"还是有距离的。而老子这种期望"执左契而不责于人"实际上也是不太可能的，尽管在春秋战国时期有孟尝君的门客冯骥为孟尝君做过这种事（《史记·孟尝君传》），但总体上人是情愿结怨，也不肯"执左契而不责于人"的，至于"天道无亲，常与善人"他们更是不顾的，所以老子"这些完全是空想。统治者如不剥削，就将饿死，还能坐在宝座上吗？当然这个空想也是为人民所欢迎的"（高亨《老子注译》）。

八　十　章

【解题】

本章老子基于对现实社会阶级剥削压迫、兼并战争不断和人心淳质泯灭及到处充斥伪诈巧饰的不满，提出他的"小国寡民"的社会设想，即社会虽有"什伯之器"而不用、"虽有舟舆无所乘之"、"虽有甲兵无所陈之"；并且，其社会的人民能够甘食美服、安居乐俗。

小国寡民①。使有什伯之器而不用②；使民重死而不远徙③。虽有舟舆无所乘之④，虽有甲兵无所陈之⑤。使民复结绳而用之⑥。

甘其食，美其服，安其居，乐其俗。邻国相望，鸡犬之声相闻⑦，民至老死，不相往来。

【今译】

国土要小，人民要少。即使有各种器具也不使用；使人民重视生命而不迁移远方。虽然有船有车，却没有必要去乘坐它；虽然有甲有兵，却没有机会去陈列它。使人民回复到结绳记事的状态。

人民有香甜的饮食，美观的服饰，安适的居处，喜欢的习俗。邻国之间可以互相看得见，鸡鸣狗吠的声音可以互相听得见，而两国人民直到老死也互相不来往。

【注释】

①小:寡,任继愈说:"小、寡,都是动词,使它小,使它寡"(《老子新译》)。 ②什伯之器:各种器具。《一切经音义》说:"什,众也,杂也,会数之名也。资生之物谓之什物。"又《史记·五帝本纪》索隐:"什器,什,数也。盖人家常用之器非一,故以十为数,犹今云什物也。"一说:《文子·符言篇》注释"什伯之器"为"兵器"。俞樾也说:"什伯之器,乃兵器也。"另一说:河上公本作"什伯人之器"、帛书乙本作"十百人器"、帛书甲本作"十百人之器",故"十百人之器",指具有十人或者百人工作效能的器械"(复旦大学哲学系《老子注释》)。高亨也说:"十百人之器,指一人用之等于十人百人的功效的器械,即功效十倍百倍的器械,如用弓箭打猎或战争便是。"(《老子注译》) ③重死:重视生命。徙:迁移。 ④舟:船。舆:帛书甲乙本均作"车"。古代"车""舆"通用。 ⑤陈:指"阵"字,指陈列、阵势。 ⑥结绳:指古代文字没有形成前的结绳记事,最初只用绳结来记物的数量,后来也能表示物的性质。 ⑦犬:帛书甲本作"狗"。犬即狗也。

【评述】

本章老子提出"小国寡民"的社会思想。这就像苏辙说的:"老子生于衰周,文胜俗弊,将以无为救之,故于书将终,言其所志,愿得小国寡民以试焉而不可得耳。"(引自魏源《老子本义》)

然而,当老子一提出"小国寡民"的思想后,即与社会的广土众民政策相抵触,这就如胡寄窗《中国经济思想史》中说的那样:"所谓小国寡民是针对当时的广土众民政策而发的。他们认为广土众民政策是一切祸患的根源……他们不了解,广土众民政策是社会生产力发展到一定水平时,新的生产关系要求一个全国统一的地主政权这一历史任务在各大国的政策上的反映……小国寡民的理想与当时的历史任务是背道而驰的。"其后,由于中国国情一直是地域辽阔,人口众多,所以老子的"小国寡民"一直显得不合时宜。

又因为老子的"小国寡民"中有"什伯之器而不用,虽有舟舆无所乘之"的思想成分,所以,它在一个极度需要发展各种含有机巧成分的器具的国度里,也同样显得不合时宜。反过来说,含有科技成分的器具发展不了或发展不够之原因,也同样可归咎于老子的这句话、这一思想。在这里,《老子》显得左右为难。

但是,历史发展的辩证法是分合相禅。当社会处于由分禅合之时代,本身就产生于分崩离析、天下之势由大趋小如山颓川决不可阻挡的衰周的老子的"小国寡民"就不显得如此不合时宜了,老子的"小国寡民"思想就有可能得到超越时空的响应和应验,如将欧、亚、非洲融为一体,视地中海为家中庭院之湖池的古代罗马帝国,也就在天下之势由大趋小中不得不分崩离析,由此应验、响应老子的"小国寡民";同样现代社会,一些联邦、大国在"久分必合,久合必分"之后分离解盟,形成一个个小国,这同样应验、响应老子的"小国寡民"。由此可以想到,由当代欧亚诸多富庶小国来看老子的"小国寡民",也就不会将它("小国寡民")视为"复古倒退的社会观"。也正是在这个意义上说,《老子》既是中国的,又是世界的。

同样,历史发展的辩证法是正反相成。当社会科技、机巧器具发展不足的时候,老子本章的有关言论有可能被视为不合时宜;但当社会科技高度发展,机巧器具铺天盖地涌来之时,老子的"什伯之器而不用、虽有舟车无所乘之"的思想也就有可能得到响应和应验,当前不真有不少发达国家因汽车等器具造成的负面影响(如空气污染、噪音干扰、器具繁琐不易操作等)而弃之不用吗?西方某国不正进行着停用一天的汽车其城市将是怎样的试验?也正是在这个意义上,西方不少思想家注意到老子思想的超前性。《老子》真可谓既古老又常新。

还有,如果讲过去的分久必合、合久必分靠战争来完成的话,那么现在不少国家的分合则无须以战争来完成,再加上有意识的"裁军",这"甲兵"不也正处在"无所陈之"的过程中?这同样是《老子》的超前性。

再有,如果由一位视"世界一切罪恶都来自买卖的阴谋诡计"的人

（李约瑟语），来看老子"小国寡民"中的"老死不相往来"，不同样会感到其设想相当不错且有效？对于这点，中国古代就有人认识到这点，如王雱说："国小民寡则人淳厚，国大民众则利害相摩，巧伪日生。观都邑和聚落之民质诈殊俗则其验也。无道之世，末胜本衰，利欲在乎厚生而贪求生于外慕，于是车辙足迹交乎四方矣……"

也正是在上述这些意义上说，起码是本章《老子》，是既适时宜又不适时宜、既古老又常新、既是中国的又是世界的，这就是《老子》经久不衰的魅力所在。

八 十 一 章

【解题】

本章被编排为《老子》全书之末章。老子于本章提出信与美、善与辩、知与博诸范畴，来说明事物的表面与实质的不一致性，以提示人们应信实、善朴、专精。然后老子又重申"圣人无积"，应"利民而不争"。

信言不美，美言不信①。善者不辩，辩者不善②。

知者不博，博者不知③。

圣人不积④，既以为人己愈有⑤，既以与人己愈多⑥。

天之道，利而不害；人之道，为而不争⑦。

【今译】

真诚的话不华丽，华丽的话不真诚。

善良的人不巧辩，巧辩的人不善良。

真懂的人不卖弄，卖弄的人不真懂。

圣人是不积累私藏的，他尽量帮助别人，自己反更充实；他尽量给予别人，自己反更丰富。

所以，天之道是利万物而无害；人之道是施为而不争夺。

【注释】

①信：真诚、诚实。信言：真话。美：华丽、华美。美言：华丽之言。释德清注"美言"为"巧言"。　②善者：善良的人。辩：指能说会道。　③博：显示知道的事情多。　④积：积累、贮存、私藏。　⑤既：

《广雅·释诂》："既,尽也。"下一个"既"字义同。为人:指帮助人。
⑥与:帛书乙本作"予"。"与"即"予",指给与、给予。　⑦为:施为。

【评述】

本章被编排为《老子》全书的末章,所以也就被人认定为"老氏此说,盖为其著书而言"(徐梵澄《老子臆解》)。这"为其著书而言"的"言",首先是"言"《老子》一书"皆真实之言而不虚饰以为美"(吴澄语),所以老子自己说"信言不美,美言不信";其次是"言'圣人无积',则仍申其著书之旨"(徐梵澄语)。

但如果按本章在帛书《老子》中的位置(不是末章)来看,那么对本章的视角大概也就要变化,所以有人就作如是观:此章出现的信与美、善与辩、知与博等一系列范畴,实际上是"老子提出了真假、美丑、善恶等矛盾对立的社会现象,并指出某些事物的表面现象和实质的不一致"(任继愈《老子新译》),尽管其中包含着辩证法思想。但是,这种辩证法"还是朴素的辩证法,科学性还不够。这里,他把事物的矛盾,表面和内容的不一致看成是绝对的,从而陷于武断"(同上)。这就是说,老子在言"信与美""善与辩"等范畴观念中,强调突出二者间的对立,即认定"信言"都是"不美"的,"美言"都是"不信"的,"辩者"一定都"不善","善者"一定都"不辩",所以也就带有片面性(同上)。

当然,如按学理上来说,老子确有这种思想上的"片面性",但按现实生活中的表现来看,却又不得不承认有这种情况的存在,即"巧言令色,鲜矣仁"(《论语·学而》),也即是老子说的"信言不美,美言不信"。所以,老子这种思想上的"片面性"实际上是想在人世间提倡一种人的行为准则,即善良信实质朴,也即如陈鼓应《老子注译及评介》说的"在于提示人要信实",这是因为在老子看来:信实的话由于它的朴直,所及并不华美,而华美的话由于它的动听,往往虚饰不实;同样,善者的言论由于止于理、符于实,所以不必立辞巧说,善者的行为由于真诚不妄、正直无欺,所以也不必自作辩解。反而是那些哓哓巧辩者由于言行的欠亏而求自我掩饰(见陈鼓应《老子注译及评介》)。也正是在这个意义上,河上公题本章为"显质章"是有道理的。

由此看来,老子强调突出言的"信与美""善与辩"的对立,实际上是有针对性的,所以也就不能因此说老子不懂对立二者的辩证统一,如在上述二章中就有"有无相生""难易相成"的对立统一的论述;表现在这里,就有"圣人无积,既以为人己愈有,既以与人己愈多"的"有无多少"的相反相成的论述。由此也可看出,对《老子》任何的评价也绝对不能绝对化,应小心谨慎,说不定从《老子》哪一处冒出一个证实证伪都够你麻烦的东西来,使你难圆其说。而这就是《老子》及它的魅力所在。

参考书目

1.《马王堆汉墓帛书老子》 文物出版社本

2.《韩非子》(《解老》、《喻老》篇) 〔战国〕韩非

中华书局《韩子浅解》(梁启雄)本

3.《老子道德经河上公章句》 〔西汉〕河上公

中华书局《道教典籍选刊》本

4.《老子指归》 〔西汉〕严遵 《学津讨原》本

5.《老子想尔注》 〔东汉〕张道陵

上海古籍出版社《老子想尔注校证》(饶宗颐)本

6.《老子道德经注》 〔三国〕王弼

中华书局《王弼集校释》(楼宇烈)本

7.《老子指略》 〔三国〕王弼 中华书局《王弼集校释》(楼宇烈)本

8.《老子道德经序诀》 〔三国〕葛玄

中华书局《老子道德河上公章句》引

9.《广弘明集》(东晋孙盛《老子疑问反讯》) 〔唐〕释道宣

中华书局本

10.《经典释文》 〔唐〕陆德明 商务印书馆《丛书集成》本

11.《群书治要》 〔唐〕魏徵 《四部丛刊》本

12.《意林》 〔唐〕马总 《四部丛刊》本

13.《道德经开题序诀义疏》 〔唐〕成玄英 蒙文通辑本

14.《老子道德真经注》 〔唐〕李荣 蒙文通辑本

15.《道德经古本篇》〔唐〕傅奕　　　　　　　《经训堂丛书》本

16.《御注道德真经》〔唐〕唐玄宗　　　　　　《道藏》本

17.《道德真经疏》〔唐〕唐玄宗　　　　　　　《道藏》本

18.《道德真经论兵要义述》〔唐〕王真　　　　《道藏》本

19.《道德真经新注》〔唐〕李约　　　　　　　《道藏》本

20.《道德真经传》〔唐〕陆希声　　　　　　　《道藏》本

21.《道德真经广圣义疏》〔唐〕杜光庭　　　　《道藏》本

22.《道德真经玄德纂疏》〔唐〕强思齐　　　　《道藏》本

23.《道德真经论》〔宋〕司马光　　　　　　　《道藏》本

24.《道德真经直解》〔宋〕邵若愚　　　　　　《道藏》本

25.《道德真经传》〔宋〕吕惠卿　　　　　　　《道藏》本

26.《老子解》〔宋〕苏辙　　　　　　　　　　《宝颜堂秘笈》本

27.《老子道德经古本集注》〔宋〕范应元　　　《续古佚丛书》本

28.《道德真经解》〔宋〕陈象古　　　　　　　《道藏》本

29.《道德真经集解》〔宋〕董思靖　　　　　　《道藏》本

30.《道德真经口义》〔宋〕林希逸　　　　　　《道藏》本

31.《道德真经集注》〔宋〕彭耜　　　　　　　《道藏》本

32.《道德真经藏室纂微篇》〔宋〕陈景元　　　《道藏》本

33.《老子注》〔宋〕王安石等　　　　　　　　《道藏》本

34.《道德真经四子古道集解》〔金〕寇才质　　《道藏》本

35.《道德真经集解》〔金〕赵秉文　　　　　　《道藏》本

36.《道德真经注》〔元〕吴澄　　　　　　　　《道藏》本

37.《道德会元》〔元〕李道纯　　　　　　　　《道藏》本

38.《道德玄经原旨》〔元〕杜道坚　　　　　　《道藏》本

39.《道德真经集义》〔元〕刘惟永　　　　　　《道藏》本

40.《道德真经注》〔元〕林志坚　　　　　　　《道藏》本

41.《道德真经三解》〔元〕邓锜　　　　　　　《道藏》本

42.《道德真经章句训颂》〔元〕张嗣成　　　　　　《道藏》本

43.《御注道德经》〔明〕明太祖　　　　　　　　　《道藏》本

44.《道德真经集义》〔明〕危大有　　　　　　　　《道藏》本

45.《老子集解》〔明〕薛蕙　　　　　　　《惜阴轩丛书》本

46.《老子考异》〔明〕薛蕙　　　　　　　《惜阴轩丛书》本

47.《老子道德经解》〔明〕释德清　　　　　金陵刻经处刊本

48.《老子通义》〔明〕朱得之　　　　　　　《三子通义》本

49.《道德经评注》〔明〕归有光　　　　　　《汉魏丛书》本

50.《老子通》〔明〕沈一贯　　　　　　明万历丁亥年刊本

51.《老子翼》〔明〕焦竑　　　　　　　　　浙西村舍刻本

52.《老子解》〔明〕李贽　　　　　　　　　《李氏丛书》本

53.《老子衍》〔清〕王夫之　　　　　　　　《船山遗书》本

54.《御注道德经》〔清〕清世祖　　　　　　《四库全书》本

55.《老子说略》〔清〕张尔岐　　　　　　　《四库全书》本

56.《老子唐本考异》〔清〕严可均　　　　　《聚学轩丛书》本

57.《老子道德真经考异》〔清〕毕沅　　　　《经训堂丛书》本

58.《老子章义》〔清〕姚鼐　　　　　　　　《惜抱轩全集》本

59.《校老子》〔清〕纪昀　　　　　武英殿《聚珍版丛书》本

60.《老子本义》〔清〕魏源　　　　　　　　　　上海书店本

61.《校老子》〔清〕王昶　　　　　　　　　《金石萃编》本

62.《老子约说》〔清〕纪大奎　　　　　　　乾隆戊申刻本

63.《老子平议》〔清〕俞樾　　　　　中华书局《诸子平议》本

64.《老子证义》〔清〕高延第

　　　　　　　　　上海古书流通处影印《老庄正义》合刻本

65.《老子札记》〔清〕孙诒让　　　　　《札迻》光绪廿年刊本

66.《读老札记》〔清〕易顺鼎　　　光绪甲申《宝瓠斋杂俎》本

67.《读老子杂志》〔清〕王念孙　　　《读书杂志》淮南书局刊本

68.《读老子札记》　〔清〕陶鸿庆　　　　《读诸子札记》中华书局本

69.《老子音义考证》　〔清〕卢文弨　　　　　《抱经堂丛书》本

70.《道德经发隐》　〔清〕杨文会　　　光绪癸卯金陵刻经处刻本

71.《老子道德经评点》　〔清〕严复

　　　　　　　　　　　光绪三十一年日本东京朱墨印本

72.《老子斠补》　〔近代〕刘师培　　　　《刘申叔先生遗书》本

73.《老子故》　〔近代〕马其昶　　　　　　秋浦周氏刻本

74.《老子道德经笺注》　〔近代〕丁福保　　　上海医学书局本

75.《老子古义》　〔现代〕杨树达　　　中华书局聚珍仿宋印本

76.《老子集解》　〔现代〕奚侗　　　　　　1925年序刊本

77.《老子古本考》　〔现代〕劳健　　　　　辛巳影印手写本

78.《老子校诂》　〔现代〕马叙伦　　　1956年古籍出版社本

79.《老子校诂》　〔现代〕蒋锡昌　　　1937年商务印书馆本

80.《老子余义》　〔现代〕罗运贤　　　　1928年成都石印本

81.《老学八篇》　〔现代〕陈柱　　　　1928年商务印书馆本

82.《老子集训》　〔现代〕陈柱　　　　1928年商务印书馆本

83.《老子研究》　〔现代〕王力　　　　1928年商务印书馆本

84.《老子述记》　〔现代〕朱芾煌　　　1936年商务印书馆本

85.《老子新证》　〔现代〕于省吾

　　　　　　　《双剑誃诸子新证》1962年中华书局本

86.《老子正诂》　〔现代〕高亨　　　1957年古籍出版社重订本

87.《老子注译》　〔现代〕高亨　　　1980年河南人民出版社本

88.《老子哲学讨论集》　　　　　　　　1959年中华书局本

89.《诸子考索》　〔现代〕罗根泽　　　1958年人民出版社本

90.《老子章句新释》　〔现代〕张默生　　　1943年东方书社本

91.《老子译话》　〔现代〕杨柳桥　　　1958年古籍出版社本

92.《中国古代哲学家老子及其学说》 〔现代〕杨兴顺
　　　　　　　　　　　　　　　　1957 年科学出版社本
93.《老子今译》 〔现代〕任继愈 　 1956 年古籍出版社本
94.《老子新译》 〔现代〕任继愈 　 1978 年上海古籍出版社本
95.《老子校释》 〔现代〕朱谦之 　 1958 年龙门联合书局本
96.《老庄研究》 〔现代〕李泰棻 　 1958 年人民出版社本
97.《伪书通考》 〔现代〕张心澂 　 1954 年商务印书馆本
98.《老子校读》 〔现代〕张松如 　 1981 年吉林人民出版社本
99.《老子说解》 〔现代〕张松如 　 1987 年齐鲁书社本
100.《老庄论集》 〔现代〕张松如、陈鼓应等 　 1987 年齐鲁书社本
101.《老子注译及评介》 〔现代〕陈鼓应 　 1984 年中华书局本
102.《帛书老子注译及研究》 〔现代〕许抗生
　　　　　　　　　　　　　　　　1982 年浙江人民出版社本
103.《老子其人其书及其道论》 〔现代〕詹剑峰
　　　　　　　　　　　　　　　　1982 年湖北人民出版社本
104.《竹简帛书论文集》 〔现代〕郑良树 　 1982 年中华书局本
105.《老子注释》 〔现代〕复旦大学哲学系
　　　　　　　　　　　　　　　　1977 年上海人民出版社本
106.《老子臆解》 〔现代〕徐梵澄 　 1988 年中华书局本
107.《老子他说》 〔现代〕南怀瑾 　 1996 年复旦大学出版社本
108.《老子通》 〔现代〕古棣、周英 　 1991 年吉林人民出版社本
109.《道家的经济思想》,见《中国经济思想史》 〔现代〕胡寄窗
　　　　　　　　　　　　　　　　1998 年上海财经大学出版社本

图书在版编目(CIP)数据

老子直解/刘康德撰. —上海：复旦大学出版社,2024.8
(中华经典直解)
ISBN 978-7-309-17233-1

Ⅰ.①老… Ⅱ.①刘… Ⅲ.①《道德经》-注释②《道德经》-译文 Ⅳ.①B223.1

中国国家版本馆 CIP 数据核字(2024)第 023459 号

老子直解
刘康德　撰
责任编辑/陈　军

复旦大学出版社有限公司出版发行
上海市国权路 579 号　邮编：200433
网址：fupnet@ fudanpress.com　http://www. fudanpress.com
门市零售：86-21-65102580　　团体订购：86-21-65104505
出版部电话：86-21-65642845
上海盛通时代印刷有限公司

开本 890 毫米×1240 毫米　1/32　印张 8　字数 207 千字
2024 年 8 月第 1 版
2024 年 8 月第 1 版第 1 次印刷

ISBN 978-7-309-17233-1/B·802
定价：38.00 元